からゆきさん

異国に売られた少女たち

森崎和江

朝日文庫

本書は一九八〇年十一月、朝日新聞社より刊行された
文庫を改題した新装版です。

からゆきさん●目次

からゆきさん

ふるさとを出る娘たち

玄界灘を越えて

二十年ほどむかしのこと、おキミさんは木立ちにかこまれた奥ふかい家に、数人の家族とともに住んでいた。昼間は、家族らは勤めに出はらうのか、しんとしていた。

わたしはおキミさんと顔をあわせることは少なく、いつも綾さんをとおしてその様子をしのんでいた。綾さんはわたしの友人、おキミさんはその母親だった。綾さんとわたしとはいつどこで知りあったのか、二人とも思いだせないのだが、たがいに結婚しても折々会っていた。その家を訪れると、奥のへやに品のいい初老のおキミさんが、しずかに坐《すわ》っていた。そのまえを通るとき、綾さんは、目くばせをすると、あたかも台風の眼のなかを通りぬけるように、さりげない風情で、しかしすばやく、わたしをみちびいた。それは、おキミさんのへやの前ばかりでなく、おキミさんについてふとした話をするときですら、そうであった。

「夜叉《やしゃ》だもの、あの人は。ああしているけれど、狂ったら、わたしはもう、とても……。

かの女を狂わせないように、それから、主人やその妹たちにふれさせないように……。母のあの狂気……。ほんとに、つかれるわ」

なにがそこにあるのか知りようがなかったけれど、綾さんがその母を家において、気軽に外出できないようだということだけが、わかった。複雑な家庭のようであった。

その綾さんが、時折せっぱつまったようにわたしを呼びだした。わたしたちがどちらも所帯をもって一、二年のころであった。街のなかであわただしく会うのだが、そのたびに、わたしの理解の範囲をこえたなにかが、かの女のからだから噴きだす。

「母がわたしをめちゃめちゃにしてしまう。わたし、死んでしまう。もう死んでるのとおんなじだ。火事のようだよ、あの人……」

　わたしはようやく、義理ある母と娘との問題だな、と、なっとくする。その程度にしか綾さんも話さない。いや、話したのかもしれないが、二十代のわたしは、かの女の目には、無知に近かったにちがいない。わたしはといえば、かの女のことを、やけにべたべたとからだをすり寄せてくる人だなと、それが後味わるく、その媚態《びたい》、どうにかならないものか、と思うばかりであった。

　あるほのあたたかな日だった。綾さんに呼びだされて、いっしょに、とある産婦人科の扉をおした。かの女は中絶をするのだ、という。わたしはそのことを頭のなかでしか知らなかったので、しりごみしたが、それでもその表情に押しまくられて、つきそっていった。

「せんせい、この人もそのなかへいれてやってください」

　わたしはあわてて扉の外へ出ようとしたが、腕をつかまれて、内診室のなかへひきずりこまれた。

「せんせい、この人にみせてやって、いんばいをみせてやってよ」

　わたしは動顛《どうてん》した。どうしたのよ、綾さん……。わたしは救いを求めるように医者を見上げた。涙があふれてきた。

かの女の表情はかわっていた。声は、うわごとのようになっていた。

「せんせい。女ってなんですか！　この人、女の大先生です。この人に、いんばいをみせるのよ。いんばいとはね、三代にたたるんです。産みません。あたし、いんばいの子だ。ねえ、先生、おねがい。子宮を、あたしを、引き抜いてよ。ねえ、おねがい。ねえ、おねがい……」

医者が、

「だいじょうぶ、だいじょうぶ」

と、わたしのそばへ来て肩をたたいた。

「どうしたんでしょう……」

「だいじょうぶです」

かの女は、夢うつつで泣いていた。わたしは、しらじらとしてきて、かえりたくなったが、それでも覚めないかの女の枕もとに腰かけて待った。鉄のベッド。窓。それしか記憶にない。わたしはこの人もまた女なのだと、自分に感じとれるかぎりの、想像が及ぶかぎりの、女というものを、女の性というものを心に浮かべながら、かの女をみていた。

わたしが幼いころから反発したり抵抗したりしてきた、女に対するたくさんの圧迫が、みんな綾さんとその母おキミさんのところに吹き寄せられているように感じられた。それでもその内側の感触がうまく感じとれない。ただそれまで、なんでもないときに、たとえばわたしなら、きょうは寒いわね、というときに、綾さんは、その胸もとをひろげて、ねえ、ほら、こんなになってる、と、わたしにさわらせたがる、そのやりきれないしぐさに、その吹き寄せられたふところのなかを感じとるばかりだった。

意識が恢復《かいふく》したところ、綾さんは、

「あなた、ばかねえ」

といった。

そのとき綾さんは、もうふつうの所帯もちの顔になっていた。ただ覚めきって、さみしげであった。

「めったに、みられやしなかったのよ、あなた。かならずあなたの参考になったのよ。

あたしが狂ったとでも思ったのでしょう。でも母はね、あたしと二人になると、もっともっと狂うのよ。母は、からゆきだったのよ。売られた女よ。

あなた、売られるということ、少しはわかった？　一代ですまないことなのよ。売られた女に溜《た》まったものは、その子の代では払いのけられそうもないわよ、どこまでいっても。あたし、わからないの。売られなかった女というものが少しもわからないの。……あたし、あなたのようになりたいのよ。あなたはねえ、あたしの、あたしのかわりに生きている、もう一人のあたしよ……」

ほおに涙をつたわらせたままわたしをみて、そのふところへわたしの手をみちびきいれた。ふしぎと、いつもの媚態がなく、そのしぐさは自然だった。わたしはぎごちなく、当惑していた。

湯呑《ゆの》みを片づけ、病院を出た。夫のもとへもどって、そのまま忘れた。病院の名も忘れた。

綾さんの母親、実は養母であるおキミさんについて聞かせられたのは、それからしばらくのちのことであった。わたしは、からゆきとは、売られた人の娼楼《しょうろう》での呼び名だと思ったまま、久しく思いだしもしなかった。

おキミは天草の牛深《うしぶか》に生まれて、幼いころ養女に出された。五つか六つのころであったという。養父は浅草で居合抜きをして投銭を得ていた人であった。おキミが養女になったころは「因業小屋《いんごう》」という呼び名の小さな興行をしていた。心中とか辻《つじ》切りとか、蛇娘《へびむすめ》などを見世物とするのである。

おキミは明治二十九年の生まれなので、この見世物は三十年代のことになる。おキミはここに十六になるまでいた。ろくろ首など、いろいろなことをさせられたが、心に残っているのは、小屋に売られてくる病人の姿であった。

病んでいるので動きのある見世物はできない。死人の見世物は小屋の呼びものでもあった。売られてきた病人たちは、一日中死体になって身動きしないまま人目にさらされた。午前と午後に休み時間があった。その時間になるとやっと身を起こして自分のおしめをとりかえていた病人たちが、おキミには、忘れがたいのである。

その当時は、おキミやこの病人たちのように、養子とか養女とかいう名目で芸人として、あるいは娼妓《しょうぎ》として売られる者はいくらもいた。それは明治になるまえからの風習であった。売られる、ということばは、日々人の口にのぼっていたが、それは口べらしにされるというほどの意味あいであった。売られた者もまたそのおかげで、どこかで食べてゆけた。養子や養女を幾人もかかえて、「因業小屋」は成り立っていた。そして、娼楼も。

おキミはこの小屋から、また養女に出された。明治末年、十六歳のときである。おキミを養女とした人は李慶春といった。因業小屋にいた少女とふたり、おキミは李慶春につれられて小屋を出た。ゆく先は朝鮮ということであった。

おキミは「からゆき」になったのである。

唐天竺《からてんじく》へ働きにゆくことを、おキミの郷里《きょうり》では、からゆきといった。ふるさとのある日本から海をわたってよそのくにへ働きにゆくのである。綾さんの実の母親の里でもそういった。どちらも天草であった。

おキミたちは神戸まで陸路を通った。ここで少女がふえて八人となり貨物船に乗った。船員をおとうさんはつれて来て、おショウバイするようにといった。おショウバイした。おキミも。

養女となったおキミには、李慶春はおとうさんであったので、おとうさんの命令にしたがった。まえのおとうさんに養われていたときと同じように。おとうさんは食べさせてくれた。おショウバイのあとで。

門司《もじ》に泊まっていたとき、さらに六人の少女が乗りこんできた。六人とも、びっくりするほどやつれていた。おキミは自分よりも、ひもじく生きてきた人たちだ、と直感した。田舎くささが少女たちから匂った。やつれ果てて、だれも、ものもいわない。

　船員を相手に仕事をして、食べものを食べて、すこし元気になった少女たちが、たがいに名のった。みんな百姓だといった。六人は十五歳までで、いちばん幼い子は十二だった。おキミは自分がいちばん年長なのか、と思った。

　おとうさんの李慶春は十四人の娘をつれて朝鮮へむかうらしく、あとはだれも乗り込むことなく、船が出た。おショウバイは昼も夜もあって、少女たちはよく泣いた。

　門司の港を離れて、玄界灘《げんかいなだ》へ出ると、波が高かった。ある日、おキミは甲板《かんぱん》に出ていた。波のむこうから一群の小鳥がかん高いさえずりをあげて、降りこぼれるように船へ舞い降りた。頭より少し高いところで、シュルシュル、チリ、チリ、チリ、と鳴いた。たがいにチリチリチリと鳴きかわした。一羽が、おキミの肩にとまった。

　そしていっせいに飛びたつと、たちまち海原《うなばら》の奥へ消えていった。九州のほうへ。自分たちがむかうのと反対のほうへ。

　のちのこと、老いたおキミがある日、渡り鳥の大群が飛来《ひらい》したのをみて、

「ああっ、この鳥！　うちが朝鮮に売られていくとき、玄界灘で逢《お》うたんよ。うちの肩にとまったんよ」

と叫び、その夜眠らなかった。

頭に冠をかむり、尾をピンと立てたこの鳥は季節ごとに九州の空に訪れた。わたしは綾さんと、この小鳥はなんという鳥だろう、と、鳥類図鑑でしらべた。連雀《れんじゃく》であった。

航行中に少女のひとりが危篤におちた。十二歳の子であった。船に来たときから元気がなかった。咳《せき》をし、その咳とともに血が飛んだ。山口県のどこか、海から遠くないところで、せりおとされて来た、といった。数十人いたせり場の少女のなかから六人が李慶春の手に渡ったのであった。同じせり場でせりおとされた、ほかの娘たちのゆく先は知るよしもない。

十二歳の子は息絶えた。

残された十三人はその子にとりすがって泣いた。

「あんた、よかったなあ、もうおショウバイせんでよかごとなって。うちら、いまからおショウバイせんならん。あんた、よかったなあ……」

おキミは、みんなでこの子のおとむらいをしてやろう、といった。経を読まぬと成仏《じょうぶつ》できないと思われた。しかし、だれも経を知らなかった。泣き顔をならべて相談をつづけた。だれかが、「青葉しげれる」がいい、といった。ほんとうに、あの唄はお経だと思われた。

小さななきがらをとり囲んで、みんなでうたった。

青葉茂れる桜井の　里のわたりの夕まぐれ
木《こ》の下蔭に駒《こま》とめて　世の行く末をつくづくと
忍ぶ鎧《よろい》の袖の上《え》に　散るは涙かはた露《つゆ》か
正成《まさしげ》涙を打ち払い　我子正行《まさつら》呼び寄せて
父は兵庫に赴《おもむ》かん　彼方《かなた》の浦にて討死せん
いましはここまで来《きつ》れども　とくとく帰れ故郷《ふるさと》へ

玄界灘が荒れて、夜になっていた。

船員がくれた古い毛布になきがらをくるんだ。おキミら数人が抱いて、そして甲板の上から海へ放してやった。うらやましくて涙がとまらなかった。おショウバイをしなくてもよくなったあの子は、いま親元へ帰っているだろう。

「あの子のおっかさんに知らせんと、たましいが帰れんよ」

だれかがそういった。

おキミは十三人を代表して、李慶春をさがした。船員たちのへやで、李慶春は酒を飲んでいた。

「あの子の家と親の名を教えてください。あの子が死んだことを、おっかさんに書いてやりますから。おっかさんが心配しとるでしょうから」

おキミの泣きはらした目へむけて、李慶春が答えた。

「親はわしだよ。おまえら、みな、わしの娘になったんだ。親はほかには、おらん」

「でも……、でも、あの子の生みのおっかさんに知らせんと……」

「親はわしだ。証文《しょうもん》みるか？　生きても死んでも関係ない、知らせることはいらん、と、ちゃんと書いてある。戸籍でもわしの娘になっとる。おまえら、みな、戸籍抜いて、わしの戸籍にはいっとるからね、わしのほかに親はおらん。ええか」

おキミは血がひくのをおぼえた。目のまえがまっくらになった。浅草へ売られたときは、天草の親たちのほかに、おとうさんがふえたのだった。おキミは、そのふえたおとうさんに食べさせてもらいながら、ふるさとの妹たちと、たよりをかわしていた。妹たちに両親への孝養《こうよう》をたのんでいた。それは心のささえであった。

李慶春のもとへゆくことになったときも、おキミはいずれそのことを手紙で知らせるつもりであった。おキミの心はあの天草の海の、青いおだやかな光のなかへ、いつも帰っていた。それだけで十分だった。幼いころの遊び相手の多くは、おキミのように五つ六つになれば養女に出ていた。八代《やつしろ》の湯屋とか、熊本の遊廓《ゆうかく》とか、長崎のすきやき屋とか。それは働きにゆくというよりも、養い親を持つことだったから、使われもしたが、また生涯にわたってたよりにもし、無心もした。

幼くて養女にいったおキミたちとちがって、十二、三歳までは生みの親たちが食べさせてくれた子らもいた。が、その子らも十三歳にもなれば、自分の口は自分でまかなう、というのが常識だった。十三歳とは、立派な一人前の労働力を意味していたから。

おキミは因業小屋から売られたけれども、それは養父が病に倒れたせいだと、信じていた。戸籍のことなど、まるで念頭になかった。もともと戸籍などが役に立ったことはない。おキミは熊本県天草郡牛深村久玉《くたま》の父の長女という自分の書付《かきつけ》が、その上に線を引かれて、朝鮮の、むずかしい地名の李慶春の養女になっているのを、みせられた。ほかの少女たちも、みな、証文というのをみせられて、声をあげて泣いた。わけがわからない。

死んでもゆくところがない……。これは売られたのでなくて、棄《す》てられたんだ。あのおっかさんが、わたしを棄てた……。

少女たちはおキミにとりすがって泣いた。

綾さんはわたしにいったことがある。日本人が女を売るとか買うとかいうときの観念と、朝鮮人のそれとちがうのよ、と。朝鮮人の観念は清国人の観念にちかいのよ、あの人たちは、金を出して女を買って養女にしたり嫁にしたりしていたけれど、いったん買ったら、女のそれまでの生活はなくなったものと考えるのね。気もちのうえのつながりも買いとるのよ。

わたしは、そう……、とつぶやいていたけれど、でも、それだけではないなにかが、おキミたちの出国にまつわりついている気がしていた。おキミを売った養父は、維新前は武士であった。かれはそのころの常識を疑うことなく、病を養うために娘らを手ばなしたのだ。

そのころ、日本では娼妓は年期奉公であった。年限を決めて前借金をもらって、そして娼楼へゆく。そのたてまえが常にくずれて、年期がきても借金が返せずに、ずるずると深みにはまっていくのだが、それでも、たてまえはたてまえとして生きていた。娘たちはそのたてまえに必死の思いですがりついて、親をおもい、家をおもって娼楼へいったのであった。

江戸時代の文書には、はじめからそのたてまえぬきの、つまり年期奉公ではなくて、親権をゆずりわたして生殺《せいさつ》すら問わぬことを書いて、売られゆく子の幼い爪印をしるした身売り証文もある。娼楼の主やその関係者や、また幼女の親をはじめ縁者や名主《なぬし》まで名をつらねて、このちいさなちいさな爪印を、とりかこんでいる。公許された人身売買である。

おキミらは年期奉公として売られたのではなく、また戸籍上はそのままにして養女に出されたのでもなく、この江戸時代ふうの身売り証文をとりかわして李慶春がいとなむ娼楼へわたされたのであろうか。

おキミにとりすがって、だれもが、絶望の淵《ふち》に沈んでいた。口べらしは親孝行だという世間的な倫理が、言わず語らず少女たちの心をささえていて、そのうえでふるさとの親と出郷する娘とは、しっかりつながっていた。ゆく末はわからなくとも、そのきずなの上に熱い涙も流せたし、気弱い笑いをうかべることもできた。あるいはひょっとすれば奇蹟《きせき》さえ起こらぬともかぎらぬ……そのきずなを親が売りわたしたのか。あの証文とはそのことを書きしるしたものなのか……。

「もう、生きても死んでもいい……」

だれかがそうつぶやき、それから低いうめきのような泣き声が、おショウバイの間も流れた。

航海は八日もかかった。おキミたちが陸にあげられた。そこは朝鮮半島の南端にある漁港木浦《もっぽ》だと、あとで知った。

密航婦たち

「からゆき」ということばは、いまはもうその内容を正確に伝えない。それは明治、大正、昭和の初めごろまで、九州の西部・北部で使われていたことばである。それは「から」に出稼ぎにゆくことであった。「から」とは唐天竺の唐から転じて、海のむこうのくにぐにを指していた。明治維新ののち、貧しい男女が海外に働きに出た。そのように海を越えて働きにゆくことや、またその人びとを、「からゆき」とか「からんくにゆき」とか、また「からゆきどん」と呼んだのである。

海外への出稼ぎといっても、明治のころは海の外も賃労働はすくなく、行商をするか、雑用に使われるか、土工や石工などになって親方にしたがうかであって、ひとり娼楼ばかりがさかえた。そのため海をわたる女が後をたたず、やがて「からゆき」とはこれら海外の娼楼に奉公に出る女たちを意味するようになった。

けれどもからゆきを多く出した天草や島原あたりでは、移民業者が募集したシベリア鉄道の工夫になったり、ハワイやアメリカの農業労働者になったりした人も、からゆきと呼んでいたのである。それは長崎ゆきとか八代ゆきとかいう、他郷への出稼ぎと同じような意味あいであった。

そして大正にはいるころから、からゆきは、朝鮮ゆき、シナゆき、シベリアゆき、アメリカゆきなどの表現にわかれた。朝鮮から清国にかけての日本の侵略が、「から」という総称を捨てさせたといえる。そしてからゆきは南洋ゆきと同じいみあいのものとして使われることが多くなった。南洋とは東南アジアのことである。この海外の広い地域へ働きにでた人びとのなかには、あざむかれてつれだされ、売られた人びともいた。多くは娘たちだった。

第二次大戦のあと、「からゆきさん」ということばは、「からんくにゆき」とか「からゆきどん」とか、村びとが呼んでいた出稼ぎのいみあいからはずれて、海のむこうへ売られた女たちを呼ぶようになってきた。また売られた女たちはほとんど娼楼ぐらしであったので、同じように性をひさいだ戦地の慰安婦も、この名でよばれたりもしている。

が、わたしはできるならば、村の人びとの思いにちかづきながら、そのことばにさわっていたいと思う。そして「からゆき」が村の人びとにとってなんであり、またわたしにとってなんであるのかをたどっておきたい。

わたしに印象ぶかいことばがある。綾さんからからゆきの話をきいたあと、数年たって天草をあるいたときのことである。椿《つばき》の咲く港の、段々畠《ばたけ》のほとりで老女が地蔵さんを洗っていた。南洋に働きにいっていたので子どもはいない、とのことであった。老女は「働きにいったちゅうても、おなごのしごとたい」と、こともなげにいったのである。

このときの印象はわたしにはたいそう鮮やかである。早春の村で、だれとも知れぬ旅の女であるわたしに、仕事の手も休めずにそういった。それはわたしにはひとつの啓示のようでもあった。離れたところには村びとが畑仕事をしていたし、綿入れを着た子らが走ってもいた。

おなごのしごとたい、おなごのしごとたい、わたしは心につぶやき、老女の水汲《みずく》みの手つだいをして、それ以上何もきくことなく別れをつげた。あの声は、そのむかし、この村のなかでどんなぐあいに収まっていたものなのだろう。

陽射しはあかるかった。あのとき村をあるいていたわたしは、くらしにつかれていたので、それであのように印象ぶかかったのだろうか。ともあれ道ばたで、ごく普通の声で、若いころの苦痛の日々をそのように言ってのけられる人と、そのふるさとのありようを、わたしは大切に心にしまいこんだ。

「からゆき」「からんくにゆき」は、このような村で使われていたことばである。そして世上《せじょう》では、海外への出稼ぎは「移民」といわれ、女たちは醜業婦《しゅうぎょうふ》と呼ばれていた。

明治のころの福岡の新聞に、「密航婦」ということばがたびたび出ていた。はじめてこのことばにゆきあたったとき、わたしは衝撃をうけた。それはからゆきさんのことであったからである。

わたしは綾さんにそのことを話して、二人でおキミさんの出航の様子をしのんだ。あの話は貨物船だったから、もし門司港あたりで発見されていたなら、かの女も密航婦として処分されたのだろうか。山口県のどこかで、せりおとされて船に乗せられた少女たちも。

新聞は繰《く》っても繰っても「密航婦」であった。手続きをととのえてからゆきとなった人びとは、ニュースになることもないのだが、いったい明治年間に渡航手続きを自分でできる村の娘がどれほどいたろうか。一団となって村を出た男たちでさえ、移民業者にだまされて、知らぬ他国につれだされて、帰るに帰られないものも少なくなかったというのに。娘たちのほとんどは、口入屋《くちいれや》にたのんで、あるいは悪質な口入屋にあざむかれて、その言うがままにすれば海のむこうで働けるものと思いこんで、船にむかったのである。そして乗りこむとき、はじめて密航らしいと気づく。これは被害ではないのか。

海外の娼妓の大半は被害者だという自分の思いこみが、「密航婦」ということばで肩すかしにあった。なんだか腑《ふ》におちなかった。またその記事には、はっきりと誘拐者は何村の何某《なにがし》と記してあるのに、誘拐罪に問われることもなく、ましてや婦女売買罪などというものなど、どこにも見あたらぬのが、なんともがてんがゆかぬ思いだった。

そしてまた、なんと「密航婦」の記事が多いこと。地元の新聞とは、福岡日日新聞と門司新報である。どちらも門司港で発見されたり、海外の港で発見されて門司港へ送りかえされた娘たちをつぎからつぎへと報じていた。

わたしは当分のあいだ、明治の新聞を読むことにきめた。明治人としてその世間を呼吸しないことには、わからぬことが多すぎる。

毎朝七時すぎの汽車に乗って、小倉の郊外から博多へ、幾日も新聞を読みにかよった。見出しのない新聞は読みにくかったが、それよりも紙面をみつめながら、なかなかつぎへ読みすすめないことが多かった。というのは、海外へ送りだされる少女たちは、国内で売買される女たちの一部にすぎない、と考えさせられる記事に満ちていたからである。五、六カ月のあいだ明治の新聞ばかりみていた。

女たちのたどってきた歴史は知らぬわけではなかったし、差別や圧迫を感じないですむこともすくない日常だが、それでも今日と明治とでは世間の目がひときわちがう。

紙面には地元の花柳界《かりゆう》のことがくりかえし出ていた。新顔の娼妓はその源氏名《げんじな》と実名と村の名と、そしてその妓《ぎ》の特技が紹介されたりする。特技とはもとより枕席《ちんせき》の個性である。名の売れた芸娼妓の浮名《うきな》が、地元の有力者とそろってきらびやかに書きたてられる。ときには新聞記者みずからの好みが、その妓の特技とともにならぶ。

が、これらは夜ごとの街の灯《あかり》のように、まだたあいない。娼妓たちは善人から金をしぼりとる因業なやつと、書かれる。たとえば脳梅毒で死んだ妓の解剖についての記事などは、「生きて身を売り死してなお身を売る淫売の業」というぐあいである。孕《はら》まされたすえにやむなく子をおろした少女は、売女《ばいた》と非難される。淫売のなれの果て、などというあつかいは常のことであった。そしてこのような女性観がそのまま「密航婦」というとらえ方に通じているのだった。

なにしろ女たちを、その意志を無視して売ったり買ったりして金をもうけることが、おおやけにゆるされているのだ。売春宿から売春宿へと転売されて、そのたびに売春業者のふところをあたためさせ、借金にうもれて死ぬ女たちが満ちみちていた。そしてそれは売り買いする者の罪ではなく、女があさましく金を得ようとしたための自業自得なのであった。だから海のむこうへゆけばいい金もうけがあるとさそわれ、欲にくらんで船の中にひそんだ女を、「密航婦」と呼ぶのにふしぎはないのだった。なにしろ渡航手続きをしていないのだから。

なるほどさようか、とわたしは思い、それでもふるさとでは、どんな密航だって「からゆきどん」とあたたかく呼んだことを思いかえす。

ともあれこの数多い「密航婦」の記事のなかから二、三紹介しておこう。当時の渡航の一面がしのべるとともに、その頻度や規模がうかがえるかと思う。

「諾威《ノルウエー》汽船ソールム号（千六百八十七屯《トン》）は一昨七日正午香港へ向け門司を出発し、

六連島《むつれじま》を通過したる後、約六時間半を経過せし時、海上に於《おい》て本船の甲板上に二三の日本婦人を発見し、大いに怪しみ精密に船内を調査せしに、日本婦人都合四十八人、別々に潜《ひそ》み居るを発見し、続いて右誘拐者八人をも発見したるが、同船乗組の支那人某《なにがし》は船長に向ひ、一人に就き四千弗《(ママ)ドル》の運賃を支払ふべきを以《もっ》て彼等《かれら》四十八人の密航婦及び誘拐者を是非香港迄送りくれよ、と申し出でしも、同船長は之を拒絶し直《ただち》に進路を廻転し六連島に引帰したるに、該支那人及び誘拐者の一人広島市大平町幸吉（四十）の両人は航行中海中に飛び入り行方不明となりたり。

されば同船は昨八日未明六連島に碇泊《ていはく》し、その旨港務部に届出でたるを以て（中略）密航婦福岡県三井郡国分村お種の長女お佐加（二十）外四十七名、並に誘拐者（中略）八人と共に、下関水上署に連れ帰り目下取調中なるが、右の密航婦の中立に依《よ》れば誘拐者等は彼地に至らば意外の金儲《もう》けありなど甘言を以て誘ひ出し、門司に出で二三名宛《あて》を石炭船の間に潜伏《せんぷく》せしめ本船に乗り移らせ、船中暗闇なる第一の船底に潜伏せしめ、昨日にて三日間一度の食事をも与へざりしと云へり」（明治三十八年十月十日、福岡日日新聞）

同じ紙面に次の記事がつづいている。見出しは「密航婦続出」。

「長崎県北松浦郡山口村お品（十六）は、門司市難波町六丁目石松方に潜伏し、鳥取県岩井郡東村お雪（十七）は同難波町四丁目お牧方に潜伏し、熊本県天草郡高浜村お沢（二十二）は同入船町お春方に潜伏し、去六日の夜或者《あるもの》が連れ、田の浦付近の海岸より小舟にて本船に向はんとする際、初めて誘拐されたるを知り途中より逃走して警官に訴へ出でたるより直に取押へたるが、此等は長崎にて伊東某なる者誘拐し、門司の某と牒《しめ》し合はせ密航を企《くわだ》てたる者なりと。

又愛媛県新井郡西条村お梅（十七）は、門司市本町三丁目友太郎なる者身元引受の偽証を作り、同市羽衣町一丁目お宇多、奈良吉の周旋《しゅうせん》にて密航せんとするを押へられたり」

まえの二件は誘拐者によって誘拐されて密航させられようとしていた。あとのひとつは周旋屋を介し、身元引受人の偽証書を持参して密航しようとしていた。

が、「誘拐」といい「周旋」といっても、まことにあいまい模糊《もこ》としている。十七歳のお梅が反対しようもない情況を二人がかりでつくりあげておれば、周旋などとはいいがたいし、また反面「誘拐」ということを実証するのは当時の裁判ではむずかしかったのである。これはのちにふれたいと思う。

さて「四十八名の密航婦」は、翌日続報が出た。ここには外国人船員の密航幇助《ほうじょ》がみられる。

「四十八名密航婦続報。前号所報密航婦四十八名事件に就き聞く所によれば、諾威《ノルウエー》汽船ソールム号船長はフリードフイガと云ひ、海中へ飛び込みたる支那人と幸吉両人の間に何か密約のあるものの如《ごと》き形跡あり。幸吉は誘拐者の主犯者なる由。多分両人は漁船へ救助せられ居るならん、と。其他の誘拐者八名は下関水上署の取調べを終り、昨十日検事局へ送られたり。

而《しか》して斯《かく》の如き多数の密航婦を如何《いか》なる方法を以て本船へ転乗せしめたるかと云ふを聞くに、彼等は各地より婦女を連れ来り、門司市田の浦山中、門司海岸石炭堆積の場所、小倉近在の農家等に潜伏せしめ、一々監視人を付し置き、屋形《やかた》付渡海船にて数回に分乗し夜間送り、船底の石炭庫の内に其の大半を潜ましめたれば、彼等密航婦は石炭粉にまみれ糞尿さへ其所《そこ》になしたれば、実に不潔極まる扮装にて、食事もろくろく与へざれば中には既に疾病《しっぺい》を発し居るものさへあり。

四十八名の密航婦は下関水上署にて一応取調を終りたるが関係八府県に及び、金員は二三十銭位所持し居るもあれど、到底旅費となすに足らざれば、同署より原籍地へ照会中なり。その原籍名前は左の如し。

福岡県三井郡国分村タネ長女サカ（二十）熊本県天草郡高浜村樒吉次女ハツ（十五）同上安太郎次女マツ（二十）同上虎三姉カメ（十九）同上兼太郎三女マス（十

七）長崎市椎ノ木町新太郎姪《めい》スガ（十七）同市大浦町初五郎長女ユキ（十六）長崎県南高来郡山田村宗一長女リツ（二十一）佐世保市塩浜町留五郎長女シゲ（十七）熊本県天草郡高浜村レイ四女カメ（十九）同上フサ長女トメ（十九）同上トメ長女コメ（十五）同上キヨ二女シゲ（十八）同上ナミ長女キクノ（二十）同上タケ二女シヅ（十七）佐賀県小城郡○迫村仙右衛門長女リエ（十七）下関市奥小路町達次郎次女スガ（十七）長崎市大浦町彦市二女ヤスノ（十六）同市上町栄作長女ヨシ（十七）山口県豊浦郡生野村キヨ姪リク（十七）長崎県南松浦郡五島福江清二長女シズ（二十）熊本県天草郡高浜村ツル長女トミ（十八）同上コト長女フジ（二十三）島根県那○郡○賀村達吉二女サク（十八）同県浜田町孫市二女シカ（二十）長崎県諫早町停車場前与作二女サク（十八）鹿児島県出水郡高吉村スエ長女テル（十七）長崎県深ノ海村文太郎二女チヨ（十六）同県東彼杵郡煤田村金蔵長女フジ（十六）熊本県天草郡高浜村熊吉長女キミ（十七）同上作太郎二女キク（十七）長崎市大浦町タカ長女ノブ（十九）大阪市西区九条治郎妹コマ（十七）香川県高松市南瓶町実姉タメ（十七）愛媛県宇和郡八幡町岸松妹カメ（二十二）鹿児島県出水郡滝本村ツモ長女ニワ（二十）熊本県天草郡大江村常市妹ハル（二十四）同上高浜村大吉長女シモ（十七）長崎市袋町ミツ長女ノブ（二十二）長崎県彼杵郡砥津長二郎長女コノ

（二十三）鹿児島県市木郡湯本村金治長女ミネ（二十）鹿児島市鯛ノ口町三助三女トク（二十二）熊本県天草郡牛深町杢太郎二女タツ（十八）長崎県北松浦郡中里村要助長女キン（二十）下関市奥小路町音蔵長女アサノ（十七）山口県豊浦郡生野村浅之助長女タツノ（十七）」

これら四十八人の少女たちは、くにもとに問いあわせて、親たちに引き渡すことにした。山口県豊浦郡生野村出身のリク十七歳、タツノ十七歳と、下関生まれのスガ十七歳、アサノ十七歳がそれぞれ引きとられてくにへ帰り、のこった少女のうち二人は逃亡し、四十二人は三軒の口入業者に奉公先を世話させた。

密航婦として保護された娘たちは、いつもほぼこのような処置をとられている。が、奉公先を周旋する口入屋が、実はあてにならないのだった。口入屋は、東京では桂庵《けいあん》といった。芸妓、娼妓、酌婦《しゃくふ》、仲居、宿屋女、下男、下女などと呼ばれる職種へ人びとを世話して、その手数料で生活する者たちであった。ひろく世間を知っている渡世人《とせいにん》たちと通じ、同業者と連絡をとりあって、求職者と雇主とをともにあざむいて法外な利を得たり、人身売買同様の手段を弄したりした。桂庵とか口入屋とかいえば、世間は冷酷な人相を思いうかべた。女衒《ぜげん》は芸娼妓専門の口入屋であった。

それでも出稼ぎ先をもとめる村びとたちは、口入屋にたのんだ。手づるもすくないのでやむをえないのである。口入屋は、またその下請けをする遊び人や酌婦あがりの女などをあるかせて、子守りや女中や女工《じょこう》などを往来でつかまえては、もっとうまい仕事口がある、と、ささやかせた。明治のころの福岡のまちには、義俠《ぎきょう》周旋業という看板を出している、いかがわしさのただよう口入屋もあった。この業者には宿屋女専門、妾《めかけ》専門、淫売専門などと、それぞれその道に通じたものたちの連絡網があった。今日の情報屋と職業安定所とをかねそなえて、求職者と雇《こ》傭《よう》者とへ情報を流し、かつ両者の世話をする、公けに許された仕事であったが、悪質なものが多かったのである。

からゆきさんはこれら口入屋の手をへて、海外へ娼妓を送り出すことを専業とするものたちへわたされた。あるいはその専業者に直接さそわれた。密航専門の誘拐者に。

のちにくわしく述べたいと思うけれど、維新のあと、海外航路も船舶もととのっていなかった日本から、多くのからゆきさんが出ているのである。そのほとんどは出航手続きをせず、船賃を払わず、先の新聞記事がつたえるように船底にひそませられての渡航であった。それも外国船にである。こうしたことは日本国内での口入業のほかに、諸外国の婦女売買専業者と通じた密航誘拐業者が活躍してはじめてできることだった。

村の娘がからゆきをするには、これらいく人もの人手をへたのである。からゆきさんは国内の娼妓たちが身に負った借金の、なん倍もの借金を負わされた。それはこのいく人もの人手が得ていた手数料と、関係者の宿料や食費などの雑費によるのである。

それにしても四十人、五十人という娘たちをどのようにして集めていたのか、ある男はつぎのように話している。福岡県出身の男である。

「只今門司に此密航婦誘拐の大親分ともいふべき元締《もとじめ》が居ますが、最初は余程金を使つてかからねば、自然好い玉も揚りませんよ。早く云へば吾々は其の元締から金をもらつて下請負をするのです。口入屋へ行つて、極上等の妾を世話してくれ、と云ふのです。

スルと先方で、よろしうございます、月に十円もお手当がありますか、と云つたら、イヤ、十円は十五円以上でもいいから極上玉を、と注文すると口入屋でも骨を折つて精々上玉を探してきます。

そいつを初めはまじめに囲つて、一月なり二月なり養つておくのですが、其間に次の土地へ行つて同じ方法で妾を拵《こしら》へて置き、自分の目的どほりの人数がそろつたら、こんどおれは門司の支店へ出張することになつたからお前を連れて行く、一所に行けと云ふのです。一月なり二月なりは割合にぜいたくをさせてあるので必ず参ります。そこで次々と集めて行つて、門司で密航させるといふ手順になつて居ます」（明治三十八年十月二十九日、福岡日日新聞）

男冥利《みょうり》の役割りである。門司の口入屋で密航周旋を専業にしているものには、女もすくなくない。「お七婆《ばば》と称《よ》ばるる悪婆《あくばば》」などと新聞に書かれた女もいる。悪婆にちがいないが四十八歳であった。

「お七婆は（下関市某医師方に下女奉公をなしたる」お末（十八）が、年若く容貌も醜からねば心にうなづき、お末に向ひ自分の娘は韓国釜山に下女奉公をなし居れるが、沢山の給金をもらふ為毎月十円宛《づつ》送金をなす故」おまえさんも行ったらどうかね、と、話しかけた。お末は「浅果《あさはか》にもウカと乗りて二ツ返事で行きませうと答へたるにぞ」というわけで、お七婆はお末を自宅につれていった。そして同じように他の娘たちもさそって、一カ月ほども自宅で遊ばせつつ出航を待たせたのである。

同じような女周旋業者はなにげない姿で巷《ちまた》に散在している。まことにしたたかで、女も歳食えば内面夜叉である。産婆が密航誘拐を専門にしていたり、下宿屋のおかみ、髪結い、お針の師匠、看護婦、酒屋、女工等々が、からゆきさんの手引きをしている。

またつぎのような、いわばからゆきさんあがりの誘拐者もいた。早春の博多でのこと、二人の女が安宿に泊まったのを目撃した男が、誘拐をこころみようとした。ところが二人はこもごも英語やフランス語で男をからかう。自分たちは外国人相手の看護婦兼通訳として病院に就職するためにきた、という。が、実は博多に稼ぎにきている村娘たちをさそって、海外へ密航させようとしていた姉妹であった。

このような手あいがうごめいていたのである。そして海のむこうの港には、さまざまな顔役がいて、そのボスの許可なしに娘たちをひそかに上陸させることはできなかった。密告されてしまうからである。海外の娼楼にいるからゆきさんがもっとも多かった時期は、日露戦争後から大正のはじめまでの十年間だが、そのころは香港やシンガポールなどの密航業者の顔役に、日本人もおさまっていた。

かれらは港での顔役であり、海外娼街での親玉であり、また海外日本人会での重《じゅう》鎮《ちん》、かつ日本国内の婦女誘拐密航業者たちのボスであった。そのひとりに多田亀とよばれる男がいた。

わたしはこうして書いていてつらくなってしまう。少女たちの姿がちらちらして、たまらなくなるのである。おキミさんや綾さんとのつきあいが深いので、息がつまってくる。おキミさんの渡海《とかい》をきいてから二十年にもなる。綾さんはわたしに言ったことがある。

「北朝鮮にゆけるようになったら、おキミが売られていった跡をいっしょに行ってね」

「北朝鮮だったの?」

「国境……」

と口ごもった。

綾さんの話がときによって、かすかにちがっているのを、わたしはながいつきあいでよく知っている。かの女はからゆきとして海のむこうで死んだ実母のことは語らない。その悲痛な短い歴史を語るにはまだまだ時間がたりないのである。だからおキミや、おキミの同僚に託してふと語るだけである。

多田亀にもどることにしよう。多田亀はおキミが門司港をでた数年前の明治三十七、八年ごろ、門司港や長崎港、そして香港やシンガポールを根城にして勢力を張っていた、密航専業のボスであった。おキミといっしょに玄界灘を越えた少女たちがせりおとされた山口県の誘拐者の巣にも、あるいは多田亀の息がかかっていたのではないかと思う。

『シンガポールを中心に同胞活躍　南洋の五十年』につぎのような記述がある。

「丹波屋が死んでも多田亀が生て居りさへすれば勿論《もちろん》南洋娘子軍《ちやつし》は一糸乱れず勢威を失墜《しっつい》することなくして今暫《しばら》くは繁昌《はんじょう》を続けて行くことができたかも知れないのであつた。然し時勢をだうすることも出来ないのだ。丹波屋死んで十年もたゝない中に多田亀が西伯利亜《シベリア》で非業の最後を遂げたのは結局運命であつたらう。多田が死んではもう丹波屋の後を継ぐべき腕のある者は何所《どこ》にもゐなかつた」

当時からゆきさんのことを、知識層の多くは娘子軍と呼んでいた。からゆきさんばかりではなく、他の民族の娼妓たちをもそう呼んだ。たとえば支那娘子軍などと。

この著書は、シンガポールにあった「南洋及日本人社」の編集発行で、引用部分の筆者は同社の野村汀生。宮崎滔天《とうてん》らに共鳴して、孫逸仙《そんいっせん》の中国革命に参加しようとした人である。当人は文中にある「丹波屋」から南方の「娘子軍」について話をきいていたので、つい「自分も渡南してみやうという気になつて」大正四（一九一五）年にシンガポールに渡ったという。

まだそのころは「南洋の至る所に日本人の女郎屋町が立派にできてゐた。そして長崎の丹波屋とか多田亀なぞ云ふ親分によつて統率され年々五六百人も新しい娘が補充として口《くち》の津《つ》や門司の港から香港、新嘉坡《シンガポール》へ誘拐されて行きつゝあつたのであつた」。

これで読みとるかぎり、丹波屋という大親分がいて、その跡目分のごとき多田亀が、これも「腕のある者」として、立派にシンガポールの女郎屋町を繁昌させていた、ということになる。この丹波屋について筆者は「長崎の出雲町に居た俠客丹波屋の親分と懇意になり、当方面（シンガポール及び南方）の詳細な実況を親しく聞くことを得」た、と書いている。

わたしはその当時、つまり筆者が丹波屋の親分と知りあったと思われる明治三十年末ごろの、長崎の出雲町に、丹波屋という屋号の店はなかったかと調べてみた。そのころの出雲町は遊廓地であった。かつて浪ノ平にあった遊廓がここにうつっていたのだった。漁師町に接した、遊廓としては、まあ二流の安あがりのものだったのではあるまいかと、わたしには思われた。俠客丹波屋大親分は、おそらく娼楼・丹波屋に寄生する博徒《ばくと》であったろうと、わたしは想像した。出雲町がもっとも繁昌したのは明治三十四年ごろで、そのとき娼楼が十六軒、娼妓が三百四十余人。が、それらの女郎屋のなかに、丹波屋という屋号はみえなかった。それでも、わたしには丹波屋という名は、やはりこの男の個人的な通称ではなく、女郎屋の楼名《ろうめい》のように感じられてならない。

ともあれこのように、国内の娼楼とも国外のそれとも関連のある者がボスにおさまっているのは、たいそう強みである。娼妓たちを集めることもたやすいし、また国内で売れなくなったり血縁の無心がかさなったりというやっかいな娼妓を、くらがえと称して国内はおろか海外にまで転売できるからであった。

誘拐密航業者というとかれらは不服かもしれない。きっと貧乏人にたのまれて人助けをしていた、というだろう。そしてまた日本の法律も、かれらの行為をそのように解《かい》しているのか、と、勘ぐりたくなる処置を、この人びとにとっていた。丹波屋の一の子分、多田亀が誘拐密航をして、被害者の少女たちから告訴されたことがあった。

多田亀は本名を多田亀吉といい、神戸あるいは下関生まれで、明治四十（一九〇七）年当時三十八歳。その年長崎稲佐のミセ、キミなど八人の少女たちによって告訴された。亀吉は少女たちをマニラに密航させる途上、その言にしたがわなかったフデを強姦《ごうかん》し、見せしめとして絞殺、死体を海に投げいれたのである。そしてさらにほかの少女たちをおかしてしたがわせ、上陸後売ったのであった。

ミセ、キミたちはこのことをしたため、血判《けっぱん》をおして告訴した。手配された亀吉は当時長崎にいたが、神戸、大阪と逃げて、門司から密航寸前のところを捕らえられた。

亀吉は二百八十余人の子分を、あちこちに置いていた。門司を根城《ねじろ》に、同業者から海外での上陸料をとって証明書をだしていた。かれが発行した証明書は海外の港にたむろする、さまざまな国の同業者をおさえて、その密告を防ぐことができた。

さきに少女たちを妾にしながら密航させる男の話を紹介したが、その誘拐者が、門司に大親分がいますといっていたのは、あるいは亀吉のことかもしれない。亀吉の密航手段は、娘たちを集めて、二十五人ほどをひと組として関係者の宿にとめておき、ころをみはからってひと組ごとに送り出すというものであった。

女ひとり売れば五百円というのが、明治三、四十年ごろの相場で、香港からシンガポールなどの南方へも、また上海やウラジオ方面へも五百円内外で売った。海外ではシンガポールを根城にしていたようすで、さきの多田亀讃美の文章にも、年間五、六百人の女郎を補充していた、とある。新聞には十三年間に千八百余人、金額にして二十五万円の利をあげていたとある。

ところが、この亀吉は明治四十年六月四日、長崎地方裁判所で証拠不十分として予審免訴となったのである。

わたしにはがてんがゆかない。「密航婦」という世間の目も腑におちない。が、殺して海にほうりすてて、八人もの証言があって、それでも免訴とは了解できない。多田亀はその後、シベリアで非業《ひごう》の死を遂げた、という。どのような死を死ぬことができたのだろう。わたしは当時の裁判記録をしらべたいと思ったが、長崎裁判所の記録の多くは原爆によって失われたということであった。以上多田亀吉の告訴については、福岡日日新聞の明治四十年二月十三日、二月十六日、六月六日の記事によった。

ふるさとの血汐

ある小雨の降る日、わたしはかつて女郎屋街であった海ちかい町へいった。おキミさんと綾さんがしばらく住んだこともあるこの元赤線地帯は、雨のなかにうらぶれた姿で、戸を閉めた家々がつづいていた。声をかけてもひっそりとして、ようやく老いた女が顔をだした。

からゆきさんが働いた海外の娼楼もこのような構えであったろうかと思う。シベリアでもシンガポールでも、女郎屋をひらく男たちは国内の娼街を再現させようとしたという。わたしは、いまは女たちのいないその女郎屋で、玄関の板張りも、階段も、廊下も、二階のへやも、当時そのままであるのをみていた。娼婦たちが顔をそろえて客を待った張見世《はりみせ》だけがとりはらわれていて、その跡が鮮やかに板の間にのこっている。

「客がついた子どもから、つぎつぎに二階にあがっていくので、客のつかん子どもはかわいそうでしたばい。寒いときもここには火がないとですから。ぶるぶるふるえながら客を待っていましたばい」

女郎屋では客のための火鉢の炭も娼妓に買わせた。炭や水を取りに階下におりていけば、一回いくらかの金を娼妓の稼ぎから差し引いた。その時間だけ客へのサービスに欠けた、とみるのである。

「男って妙なもんですばい。どこからあげえ湧いて出てくるかと思うくらい、夕方になりゃぞろぞろ来よりましたばい。それがこの何十軒もある家をのぞいて、自分の気にいった子どもと二階へあがりますと。子どもはそりゃもう、一所懸命ですばい。客がつかんと食事ぬきになるとですから。へ、客がないと、食事はありまっせん。

ここん街では『遊び』と『時間』と『泊まり』に客をわけとりました。『遊び』は、二階へあがって一回。まあ、二、三十分ですたいね。『時間』は一時間。どっちもころあいになったら下から呼鈴で知らせるとです。それから『泊まり』の客は、これは午後の十時以後にしちょりました。ひと晩にそうねえ、四、五人の客をとれる子は、大きい顔しちょりました。

客のとれん子は、つらいもんですばい。うらかべかえしきらんで、どげえするなって。ええ、うらかべかえすちゅうて、新しい客とったら、次にもまたその客をとりきらな、笑われますけんね。三回目からはほかの子にとられてもいいばってん。寒いときは、表の戸少しあけて、外を通る男にふるえながら声かけよりましたばい。

子どもは口入屋にたのんでつれてこさせるとですばって、親が自分でつれてくる子もいますばい。親が売りにきた子は、これはかたたか。逃ぐるこた、なか。けど、親がちょびちょび金せびりにきますたい。

口入屋をとおしてきた子は、よっぽどしらべんと、ヒモつきが多かです。ヒモつきは金借りて何カ月もせんうちに、逃げるとですばい。二、三日で逃ぐる子もいるとですばい。あちこちの女郎屋で金とっちゃあ逃ぐる。たまったもんじゃあなかですよ。

客とるのがはじめての子どもは、たいてい泣きますばって、これがまた、たまらんちゅうて、水揚《みずあ》げを何回かします。

水揚げ中は傷つけられると困りますけん、若いもんはやめて、中年の男をあげます。ええ、遊びや時間なしの泊まりだけ。たいてい女郎屋のおやじたちですけん。こんどおまえ方の水揚げさせろ、て。まあ、ね、こんなとこのおやじたちです。

男ちゅうのは妙なもんで、泣かれるとたまらんとじゃなかですか。子どもはすぐなれて稼ぎますばい」

雨がしきりに降って、娼妓たちが下駄を押しこんでいたという土間のあたりもじっとりしていた。

この女将《おかみ》はそのむかし、やはり女郎屋でつとめていたのだろう、粋な、まだ美しい人であった。昭和のはじめごろから、この街なかにいるとのことであった。ここの女郎屋街もずいぶん古くて、すこしずつ場所を移しながら、明治以前から娼妓の住む街として栄えたところであった。

この数十軒の女郎屋はペンキも剝《は》げ落ちたり、裏の出口の戸もゆがんだりしていた。そのなかの一区画には天草出身者ばかりの女郎屋通りがあった。姉が楼主で妹たちが子どもになって営んでいたところもあった。

わたしは海のむこうの娼街がこれでしのべるとも思わなかったが、ここから南方や旧満州へいった人もいた、ときいた。また、海外からここへ移ったという人の話もきいた。おキミさんは十六歳で売られて玄界灘を渡り、そののちたいへんな日々をへて、一時この街に住んだ。まだ綾さんが十代のころである。

このように、海外に日本人がつくりあげた娼街と国内のそれとのあいだには、出店と問屋ふうなつながりがあった。それは丹波屋や多田亀など誘拐者のばあいばかりでなかった。

わたしは明治の新聞にふれて、そのころのからゆきさんのことは多少感じとれるようになっていた。けれどもわたしが読んだのは、どちらも福岡県の新聞なのである。それには海外の娼街についてたびたび報じてあったので、そのようすは推察できたが、渡航者については門司港関係者が知れただけである。からゆきさんは長崎や口之津、神戸、横浜、そしておそらく日本海側の港からもはこばれているのだ。

しかし、その門司港関係の記事を読みつつ気づいたのは、被害者の出身地がかたよっていることであった。少女たちはその郷里で周旋屋の手におちた例よりも、他郷へ女中や女工その他の職で出稼ぎにいっていて、その稼ぎ先で甘言《かんげん》にのせられるケースが多い。にもかかわらず、同じ地方へとかたよるのであった。

誘拐者たちは少女らの出身地をきいてさそっているわけではない。年齢や姿かたちなどをみて、路上で声をかけているのである。海のむこうに外国人の工場がある、給金が高いがどうか、という話に対して、異郷をおそれる者は、いってみようか、つれていってくれるか、などと反応はしないだろう。そのように応じたものたちと、それをこばんだものたちの差が、この出身地のかたより方にあらわれていると考えられた。出稼ぎが常であった村びとたちは、国外へ出ることに、あまりためらいをもたなかったのでは、とわたしには思われた。

新聞には時代がくだるにつれて、地縁血縁が娘を海外の娼楼へ招きよせるようすを報じていた。この人びとは渡航証明を借用しあって港で発見されるのだった。この海外に対する開放的な人びとと、誘拐された「密航婦」の出身地はほぼ同じ地方であった。わたしは、門司港にかぎられた記事ではあるけれども、ここで保護された少女たちを集計してみると、なにか考えさせられる点が出てきそうに思った。

こんなわけで福岡日日新聞の明治三十五（一九〇二）年から四十四（一九一一）年までの十年間の「密航婦」を集計してみたのである。わたしは統計などに不馴《ふな》れで、しかも一人でぼつぼつとしたので見おとしもあることだろうし、間ちがいもあろうけれども、ほぼつぎのようなものがあらわれた。かさねていうが、これは「密航婦」と報道されたところの、密航業者による被害者である。自主的渡航で発見されたり、海外で活躍中のからゆきさんの報道も多いが、それらはいっさいはいっていない。

最も多い長崎県内のなかでも長崎市と、それから島原半島とがきわだっていた。ついで熊本県だが、これはほとんど全員が天草である。三番目の福岡県で目だつのは、福岡市や三池郡にある紡績工場からの女工の引き出しであった。

少女たちの出身地で気づくのは、この府県名がそのまま筑豊《ちくほう》の炭坑夫の出身地と

密航少女たちの出身地

府県別	人数
長崎	119
熊本	96
福岡	66
広島	40
佐賀	32
山口	26
大分	25
愛媛	15
鹿児島	13
岡山	8
兵庫	7
大阪	5
香川	5
島根	4
高知	3
新潟	2
鳥取	1
石川	1
愛知	1
不詳	161
合計	630

福岡日日新聞（明治三十五～四十四年）の「密航婦」記事より集計

かさなっていることである。福岡県についで多い広島県からは、藩制期から、おおぜいが筑前あたりに田植えなどの出稼ぎにきていて、その人らは炭坑へも入りこんだ。山口、愛媛、岡山も坑夫の出身地である。が、炭坑夫は島根県・鳥取県など日本海側からもおおぜい流れこんでいた。門司港で保護された少女たちには、この日本海側の人はすくない。あるいはその方面の港からはこび出されていたのかもしれない。というのも、誘拐業者にはなわばりがあって、門司港をおさえていたのは、九州、山口、岡山、広島あたりまでの誘拐業者だったからである。

このように少女たちと炭坑夫の出身府県名とかさなっていることは、これらの地方には出稼ぎの伝統があったことを語っているだろう。

けれども群を抜いて多いのは長崎市と島原地方と天草とである。天草などは他府県の府県単位の数よりも多いのである。やはり、藩制期をとおしてここばかりが海外に開かれていた長崎という都市の歴史が、ちかくの村にもふかく関連していると思わぬわけにはゆかない。鎖国のあいだも海外へのただひとつの窓であった長崎。この長崎とからゆきさん発生については、章をあらためて追ってゆきたいと思う。そしてここでは、長崎に近い村むらが、海外への出稼ぎの誘惑に対して、警戒的ではなかったということを知っておきたいと思う。

郷里を出て、他郷で食べねばならぬ貧しい地方はここばかりでない。流出農民である炭坑夫の出身地、長崎県、熊本県、福岡県、広島県、山口県、愛媛県などの山間部や離島ではそれは深刻だった。からゆきには貧困なくらしのうえに、地域的な歴史と気質が加わっているにちがいない。

わたしはさきの集計地のなかから、さらにこまかに、多くの少女を送った村むらをさがしだして、天草と島原とをあるいた。ほんとうにいまごろ訪れたとて、どうなるものでもない。けれどもそのふるさとを、彼女たちが生きていたころをしのびながら歩かずにおれぬ思いだった。島原半島にはいると、どの地方も墓の手入れがゆきとどいていて、まい朝だれかが花や供物《くもつ》をそなえにきているのが印象的だった。

わたしは先の集計をしながら、二人の少女が、二度も密航婦として保護されているのに気づいた。新聞にはすべての密航発見者が報道されているわけでもないのに、また発見されずに海を渡った者のほうがはるかに多いのに、その少女は一度目もみつかり、二度目もみつかっている。その後はどうしたろうと思った。

ひとりは明治三十五年三月十五日に保護された島原半島の西有家《にしありえ》村のハナである。もうひとりは四月二十五日に救われたおなじ島原の大三東《おおみさき》村のウメである。十七歳と十八歳。戸籍簿には、ハナは父の名がなく、ウメは四男九女のなかにいた。ウメの姉妹は長女だけが嫁ぎ、あとはウメをふくめてみんな、なんの記載もない。死亡の日もわからなかった。もし日本内地で生涯を終えていたならその命日くらいはつたえられたろうにと思ったりした。存命としたなら、十三人きょうだいの末が九十歳前後になっている。

明治三十六年に島原半島の土黒《ひじくろ》村から五人と上総村から九人の娘たちが、近くの村の男からさそわれて渡航しようとして保護された記事があった。同じ村から数人一度に出ることもめずらしいわけではない。さまざまな口実で募集していたからである。わたしは同じ郡内の他村の男が誘拐に歩きまわっていたこの村へも、出かけてみた。

雲仙の山腹がゆるやかにのびている高地の村であった。昨今は植木の栽培などがひろびろと試みられているが、火山が吐きだした土は樹木の育ちにも恵みは薄くて、この中腹の山林はまばらであった。が、年代を感じさせる家いえも、畠の石垣の苔《こけ》も、ここで生きる人びとの質実さを感じさせた。この山腹の村までは、かつては海外の情報もたやすくはつたわらなかったろうと思われるほど、平地の村むらとへだたっていた。男は、村中の人をだましたのだろう、とわたしは思いつつ、遠くかすかに海ののぞめる高地の風に吹かれた。

島原半島の口之津は、古くからからゆきさんの港として知られている。外国船に石炭を積みこんでいるすきに女たちを乗りこませたという。

石炭づみもなかなかの労働であった。沖に泊まっている船と、石炭をつんだ艀《はしけ》の間にいくつもはしごをかけ、ここに鈴なりに男女がならんで石炭をつみこむのである。くらい海にゆれる艀と、みあげるほど高い外国船。人がのぼるときはこれへ縄ばしごをかけたと仲仕《なかし》をした古老からきいた。からゆきさんのことはつたえきくばかりで、自分らが働いていたころはここからは出なかったとのことであった。口之津が石炭の積出港《つみだしこう》であったのは明治三十年代末ごろまでで、そののちは三池港へと移ったので、からゆきさんが出るのはいきおい門司や長崎に多くなったのだろう。

島原半島をわたしは海岸にそってまわり、さらに山間部へはいってひとめぐりした。集計から、少女たちを多く出しているのは農民よりも漁民のようだと感じながら、その村々のいまも細々としている軒下をあるいた。波打ちぎわで、海苔《のり》漁民から今年の海苔の話をきいた。赤潮でやられてのう、とくらい顔でつぶやいた。

天草は数年おきに訪れている。おキミさんの郷里のあたりは十余年まえとはたいそうかわった。わたしは、おキミさんや綾さんがつたえてくる娼婦の心理めいたものも、もうわからぬわけではない年齢になっていた。天草は静かで美しくて心が慰められる。とある村でおばあさんに招きいれられてお茶をごちそうになった。心重たいまま、放心を求めるように歩いていたわたしは、そのかつてのからゆきさんにとって、ころあいの話相手であったのかもしれない。おばあさんは若いころ上海で奉公していた話をした。当時の写真をみせてくれた。のどかな海辺の村であった。わたしに、「おなごのしごとをしたとたい」と言ったおばあさんは、この村からほど近い村道にいた。わたしはこのときの旅から帰って綾さんにたずねたものであった。「おキミさんはほんとうに天草のお方なの」と。

　ここでゆきずりに会ったり、お茶をごちそうになったりしたおばあさんたちが、かつての娼楼づとめを、かまえることなく語ったその心のありようと、おキミさんが養女の婚家先で、そのころのことをひたすら内向させている姿とが、あまりにも対照的に思えたからであった。

　それでも天草で会ったからゆきさんの中でも、まだ五十代の人は少しようすがちがっていた。第二次大戦には上海の娼楼から南方へくだって、軍の慰安婦の監督をしたという人の家に泊めてもらったが、その同世代の帰国者には、少しちがう反応をする人もいた。それはどこかおキミさんの心を閉ざした姿に近くなっていた。わ

たしを泊めてくれたその五十代の女性は、

「いやですねえ、日本はつくづくいやになりますよ、みんな心がせもうて。わたしらを変な目でみて。外国人はそうじゃありませんよ」

などと、炊事をしながら言った。兄弟たちはすぐ近くにいるけれど、この小屋に住んで、ほとんど行き来はしないのだと言った。

わたしは幾度かの旅によって、ようやく気づきはじめた。「戦争まえと戦争あとは、ころっとかわった」と村の古老たちが語るそのかわったものの内容に。わたしはおキミさんが幼い綾さんをつれて昭和の十年ごろにでも、この天草へ帰ってきていたなら、もう少し心軽く生きることができたのではあるまいか、と思ったりした。おそらく明治のころはもっともっと村びとの心のありようはちがっていたことだろう。わたしが統計などをとってみた明治三十五年以降の十年間の、いたいけな娘たちの心のふるさとは、いま見るこの風土とはどこかがちがっていたにちがいないのである。

からゆきはその当時のふるさとから生まれたものであった。いや、からゆきさんはその当時のふるさとに抱きとめられていたからこそ、からゆきどんと呼ばれた。ふるさと以外の人びとは「密航婦」「海外醜業婦」「天草女」「島原族」「日本娘子軍」「国家の恥辱《ちじょく》」等々とよんだ。当時の新聞は、すべてそう書いている。地元紙ばかりではない。明治年間の新聞集成を繰ってみてもそうであった。当時の書物もそのとおりであった。のちにしるすが、かの女たちを救おうとたいへんな努力をした救世軍も、海外醜業婦とよんでいた。

からゆきどんという呼び名には、ふるさとがそれへこめてきた熱い流れがあるのだった。わたしは門司港で保護された明治の少女たちの、その村むらを歩きながらそう思った。今日の価値基準だけで、ただその一本の柱だけで、からゆきさんをみるとするなら、わたしたちは「密航婦」と名づけた新聞記者のあやまちをくりかえすことになるかもしれない。

わたしは明治や大正のころの村の若者たちの性意識を知りたいと思った。わたしは住みついた九州のいなか町で、十人あまりの年配の女たちと、月に一度、お茶を飲みあう集まりをここ十余年つづけているが、なにかと教えられることが多い。耳をかたむけているだけで、わたしに欠けていたくらしの上の伝統がつたわってきたりする。

また農家をたずねて古老から、つとめてその若いころの話をきいている。こうしたとき花が咲くのは、やはり夜這《よば》いの話である。それは戦後にも残っていて、わたしを驚かした。もとよりもう村びと公認の風習というわけではなくなっていた。また、かの女らは若者宿を知っていた。たとえば村の後家さんの家のひとへやを借用するというようなものであった。娘宿はもうなくなっていた。けれども夜這いの話におよぶと、だれもが笑った。よく知っている、とだけ言ってころころ笑った。

わたしは「密航婦」の記事とならんでいる、村むらの若者たちの日常的な事件を追ってみた。村むらに根づよい風習が、その性意識とともにみられた。

これは明治三十七（一九〇四）年、福岡県筑紫郡岩戸村恵子《えこ》でのことである。村の娘が数えの十三歳になると親から村の若者組に酒肴《しゅこう》が贈られ、水揚げと称して性の自由がみとめられていたが、それが新聞紙上でとりざたされたのである。もともとこのような成人後のしきたりは各地にあった。村によって差はあったが、一定の年齢に達した男女がそれぞれ若者組や娘組に入って夜のひとときをたのしみあうのである。

岩戸村でのこの若者たちの風習が新聞記事となったのは、ひとりの幼すぎる少女の死によってであった。おツキという十二歳の少女であった。おツキは他村の娘であったが、岩戸村恵子の伯母《おば》の家にきていて、さそわれるまま近所の三、四人の少女とつれだって、その部落の青年男女の愛しあう那珂川《なかがわ》のつつみにいった。初めての夜はひとりの若者とすごし、つぎの夜はふたりの若者と愛しあった。三日目にもやはり小娘たち打ちつれて遊びに出かけて、三人の青年とむつみあった。

こうしてゆるやかに他の娘たちと同じように開花するはずであったおツキは、最後に二十二歳になる喜助との交情の折に、出血をみたのである。

泣きじゃくって帰宅したが大人たちは身に覚えのあることゆえ、微笑して慰めたのであろう、「かかる習慣の土地柄とて別段気に掛けることもなく、二三日も経ば全癒するならんと医師の治療さへ」（明治三十七年四月十二日、福岡日日新聞）受けることなくすごさせた。ところが出血はやまず、二日後に息絶えてしまった。関係者はたがいにその不運をあわれんだ。だれも相手をせめる者などいなかったのである。

若者たちの性について大人たちはさしでがましいことは言わなかった。なぜなら不文律《ふぶんりつ》があって、男女間のことは同じ村のなかにかぎられていたし、また若者組は村の生業《なりわい》についても強い発言権を持っていたからである。結婚すれば若者組を出るのがふつうであったが、村によっては宿兄弟は終生つづいたり、また独身のものは年齢にかかわらず若者組に参加していたりしたのである。この事件をとがめる立場を村びとはもたなかった。

　が、時代がくだるとともに若者組の風習がくずれるところも出ていた。性の選択性が求められ、若者組は青年団へ、娘組は処女会へと町近くの村は変わりつつあった。また維新後の法律のうえからも、この岩戸村のできごとはもとよりのこと、若者宿の不文律そのものがゆるしがたい悪習慣ということになった。村びとのかなしみのこもったおツキの死は、「警察権の普及せる今日、如何でかかる悪事の露顕《ろけん》せずに止まるべき、忽《たちま》ち古賀巡査部長のきくところとなり」、福岡署より急行して刑事事件となったのである。

　が、このような不運のないかぎり、幾代もかけて育ててきた村びとの性意識は、村のくらしにふかく根ざしていたので、外部から蛮行といわれようともたやすく変化すべくもなかった。昭和二（一九二七）年刊行の「民族」二巻に、菅多計が「私の郷里、安芸の倉橋島の尾立浦などに十年ほどまへまで行はれてゐた習慣」として、若者たちの性愛にふれている。

「男も女も十四五歳になると、それぐ〵若衆宿娘宿といふ家に泊りに出る。一軒の宿には四五人ぐらゐ、心の合つた者が一しよに泊る。互ひに宿兄弟と呼んで居る。男の宿兄弟は打連れて夜遊びに行く。娘宿では夜の八時九時頃まで夜なべをして居る。其娘たちを宿から宿へと歴訪するのである。娘の懐へ手を入れて乳房をつかむこと。村の娘である以上は、これが白昼に行はれても、誰も咎《とが》める者がない。

他所の人には信じにくいことかも知らぬが、娘たちには一種の貞操観念が中々強固であつた。同宿までは許容しながら、最後の唯一つの点のみは固守する。許す許さぬは女の考へである。故に女が拒むのも構はずむぐり込んで、夜中に眼が覚めたら冷たい畳の上に寝て居り、側にはいつ来たか知らぬ男が、暖かさうに二人で寝てゐたといふ様な馬鹿げた目をみることもある。ゲンサイ即ち相許した男女は、却《かえ》つて夜中過てから逢《あ》ふものときまつて居た」(「民族」二巻五号、菅多計報告)

昭和初期までこうした風習が残ったのは、離島や僻村《へきそん》などだが、からゆきさんが多かった明治年間は都市は別として、どこの村でも若者宿は若者たちの生活の一部だったのである。いや、村の資産家の子をのぞいた若者たちの、というべきで、かれらは加わっていない。

からゆきさんが続出するようになった村で、村びとがその奉公先を知りつつ少女らを送りだしたり、また、おなごのしごとを切りあげて帰った人びとを嫁に迎えたりしていた、そのふるさとの、切ないそして熱い思いに手をひたすために、しばし若者宿をたどりたいと思う。

一般にいって若者宿の若者たちは農業漁業の主要な労働力であった。数人ずつ組をこしらえて、大人たちとは別に独自に協同労働をするところもあった。この幾人かの若者組が村に二、三組あったり、もっと多かったり、あるいは一村に一組だったりした。そして各組ごとに宿をもち、ここに寝起きしていたのである。

村むらによって若者組のありようはちがっていたが、宿は主として村の信用ある家にたのんで納屋などを使わせてもらったり、小屋を建てたりした。若者宿だけの村や娘宿だけの村もあったが、農漁村の生業からいって、若者宿が主体であった。そして若者宿のものたちは、村の娘の共同の仕事場や個々の寝間を訪れた。

娘のいる家いえの戸は年中戸締りをせぬ。もし娘のいる家で戸締りをしていると若い衆が意地になってこわしたり畠を荒らしたりした。結婚しようというほどの仲になれば、男は毎夜通って女を守らねばならぬ。そうすると、ここはだれの定宿だといって他の若者は手を出さぬことになる。そうでないばあいは、村の男は自由に通った。と、これは紀伊の川添村の風習である（『民族』二巻三号、増原矼畔報告）。

娘宿の風習も根づよいところがあって、昭和になっても小学校長などがその弊を説いても容易にくずせなかった。たとえば伯耆《ほうき》の境港ちかくの村や豊後《ぶんご》の国東半島《くにさきはんとう》にある村などその好例であった。

伯耆では、製糸工場にかよっている娘たちも夜になれば宿に集まって一日のつかれをいやした。それはコメラベヤドといった。これに対してワカシヤドがあった。ここに集まる若者たちはたいてい毎夜コメラベヤドを訪れて、かるたをとったりうたったりして遊んだ。ここで仲よくなった者の半分は冬をすぎるころまでには結婚した。他の半分は別れてしまうのだった。このコメラベヤド全廃をしばしば討議するがまだ存続説のほうが有力なように見うける、と、昭和二年刊行の「民族」二巻六号で、報告者小林良は伝えている。

このように働きつつ配偶者えらびをしていた風習は、若者宿の呼び名が青年団とかわり、娘宿の名が処女会と改められてからも、村公認のしきたりとしてつづいていた。福岡県の村むらの青年団の入団には、酒一升を持参するのがふつうであり、他の村からきたものは入団をすませても、団長の許可なしには村の娘との同宿も夜這いもゆるされなかった。

娘たちは、他村の男と通ずることを村の男たちに対する不貞と感じていたが、数人との性愛を不倫視するようなものはなかったのである。当時の新聞には青年たちの争いがしばしば出ているが、「十三歳以上の者にして男と関係せざるものなく、なじみの男の泊りをれる若者小屋に出かけゆきて同衾《どうきん》するが如きは珍らしからず」、しかし愛のもつれで死傷者が出たり、他村の青年団との対立が生じることもあった。「貴様は何故にわが部落の娘に手をかけた、といふより早く自分のはきゐたる下駄をとり」乱闘となる。不文律を侵したからである。

天草の下田村では「以前は男部屋、女部屋があり、村の青年はその女部屋に通つたものである。特に他村の女部屋に通ふときは、その村の青年会に寄つて案内してもらわないといけないとされて居り、自村のときも声をかけないでの夜這ひは法度《はっと》とされてゐた」（高田源清論文『天草漁村の実体調査』「九州文化史研究所紀要」第二号）。また同じく天草の富岡では以前から、かつぎはすれど夜這いはやらぬといった。使い帰りの下女とか風呂帰りの娘を引っ捕え、すたこら浜辺へかつぎこんで戯れるといったいみのかつぎである、という。港町ふうの風習である（松田唯雄著『天草富岡懐古録』）。が、これは昭和初期の刊行で若者宿がなくなってのちの風習と思われる。

天草伊津村では、夜這いは日露戦争のころまでは一般的であったが、電灯が灯《とも》るようになってからは減っていった、と、生活のにおいのする報告がみえる。ここには女宿も青年宿もあったことが戦後の村の古老の記憶に残っていて、当時は妊娠してからの結婚が多かったこと、青年宿には一升酒と豆腐二丁をさげて入会していたこと、などが記されている(舟橋諄一・青山道夫・中川高男共同研究『天草島における家族制度』「九州文化史研究所紀要」第三、四合併号)。

これら村での不文律を侵すと前のような喧嘩《けんか》になるのだが、村によってはその制裁法がきめられているところもあった。ことに明治中期ごろまでは伝統的な制裁が残っていた。たとえば長崎近郊の村では他村の男が村の娘と通じたばあい、その現場をおさえると、茅《かや》を五、六寸に切ったもので男のおしりをこすってこらしめ、娘は川水で腰を洗わせて四つんばいにさせて走らせた。また同じく長崎県西彼杵《にしそのぎ》郡の村では、その男女のしりを青竹で交互にたたいていた(明治二十五年九月二十三日、朝野《ちょうや》新聞)。

わたしはからゆきさんがこのような風土のなかで育ったことを心にとめておきたいのである。ここにはりくつぬきの、幅ひろい性愛がある。それは数人の異性との性愛を不純とみることのない、むしろ、性が人間としてのやさしさやあたたかさの源であることを、確認しあうようなすがたがある。

それは同じ村の人びとのあいだのことだからこそ、手がたい生活の一面として、おおらかに、傷つきあうことすくなく、伝えられてきている。村の少女たちはこのなかではぐくまれた感情以外には、性についての感じ方、考え方をしらなかったろう。たとえば武士階層がつたえて、やがて中産階級が生活規範とした家父長的な性道徳や貞操観念は、かれらには無縁のものであったろう。

村から外へ出るときも、娘たちは娘宿ではぐくまれた感情を心にたたえた娘のままであったにちがいない。人間をやさしく抱擁《ほうよう》するという感じかたを持つ子らは、人を疑う力にとぼしく、たのまれればふところへ抱きこむことを、生きることだと考えたことだろう。シベリアで日本の少女は子守りとしてたいそうよろこばれた。ロシアの幼児らがしたってはなれなかった。こんな記事をわたしは読みながら、子守りも女中も娼妓もひとしく奉公といい、それらの間にことさらの差別をしなかったふるさとを思った。これらの生活感情にさわっていないと、たとえば姉妹だけで娼楼を営んでいたり、ふるさとから娼楼へ妹たちを呼びよせたりする娘たちの、その血汐《ちしお》は感じとれない。

わたしはこの村びとの伝統を悪用したものにいきどおりを感じている。村むらは貧しかったのだ。が、そのひもじく、寒いくらしの底にこの血汐は流れつづけた。おおらかで、そしてふてぶてしいエネルギーを脈々と流してきた。この気脈なしに娘たちも村びとも「からゆき」を生きぬくことはできなかった。新しい国家としての明治日本は、出稼ぎするほかにはひもじさを癒《いや》せない人びとに対して、全くなんの力にもならなかった。

国の夜あけと村びと

おろしや女郎衆

おキミさんは綾さんを養女にしてその孤独をささえねばならなかった。

娼妓《しょうぎ》は人を愛することも、子を産むこともゆるされないで男に接してきた。産めないまま終わるかなしさを、ある人は生きているうちに自分の墓をこしらえて慰めていた。なぜお墓を、とたずねたわたしに、

「子どもを産みなさったおなごさんにお話ししても……」

と口ごもった。それでも、

「線香あげてくれるものもいませんけど、帰るとこがほしくて……」

といい、

「きれいにできましたよ」

とほほえんだ。

この人は四、五人で花札遊びをしていた。川に沿った元遊廓《ゆうかく》のかたむいたへやであった。

花札の手をやすめて彼女はいった。

「検査にかかったら仕事をやすまななりまっせん。それで検査にひっかからんように、客をあげたら、そのたびに洗いますよ。しんから冷えてしもうて……。毎日まいにち、何度もなんども洗うてみなさい。わたしも一度や二度は好いた人もいましたよ。子どもを産みたいといいあった人もいましたよ。けど、そうなったときは、もうからだが産めんようになっとりましたよ。

おなごも男も、子持たんものは心はやみです」

いっしょに札をくっていた女がだまって宙をみていた。

わたしはからゆきさんの話を、やはり、おろしや女郎衆と検梅《けんばい》のことからはじめようと思う。こんなふうにことわらねば筆がすすまぬ心重たいものが、こと検梅に関してつきまとう。

検梅とはもとより梅毒検査のことである。その病いについての知識もとぼしいのに、それでもそれは屈辱のにじむようなかなしみとして、女のわたしのなかに沈んでいる。子どもを産みなさったおなごさんには……、といわれたけれども。

おろしや女郎衆とはロシア人に性をひさいだ女たちのことである。幕末の長崎ではロシアをおろしやといった。

万延元（一八六〇）年六月、ロシアの軍艦ポスサヂニクが長崎港にはいってきた。それはヨーロッパの北海からはるばるとウラジオストックへむかう途中の船だった。北海の沖で英仏の艦隊とたたかって敗れ、ヨーロッパ＝ロシアの港へはいる航路をふさがれて、やむなくながい航海をしていたのである。

船はたいそう傷《いた》んでいた。乗組員もつかれていた。長崎で修理をし、石炭と水とを補給してから、また航海することになり、水兵たちは長崎で休養にはいった。

そのロシア海軍から丸山遊廓へ連絡が来たのである。四十人あまりの乗組員が六月十二日に登楼する、と。

そこで丸山では、その日はどの遊女屋もほかの外人の登楼をことわり、酒肴《しゅこう》をととのえて待っていた。ロシア人ははじめてではなかったが、このようにおおぜい一度に登楼するのはこれが最初だった。

が、当日はあいにくの雨となった。水兵たちが来ないまま時間がたった。そしておそくなって、きょうは大雨なので中止するといってきた。丸山ではたいそう迷惑をこうむったと、遊女屋の主人たちは寄り合いをもった。こんなことが重なってはたいへんだというので、損害について交渉に行くことにした。代表をえらび組頭まで同行した。かれらに対してロシア海軍は十九日にはかならず水兵を登楼させると約束した。丸山はふたたび待つことにした。

ところが当日になってロシア艦から来たのは三人の軍医だった。三人は遊女の陰門を改めたいといい、その道具も持って来ていた。遊女屋ではおどろいて、それをことわり、登楼もごめんこうむった。陰門改めとは梅毒検査をして、無病のものをえらぶことであったが、だれにもそんなことは通じなかった。そのような考え方がなかったのである。

検梅を知らなかった日本だが、梅毒は唐瘡《とうがさ》といってよく知られていた。琉球瘡とか広東瘡、またはただ瘡といい、ひろく蔓延《まんえん》していたので、それが伝染性のものであることもしっていた。そして治療に漢方薬などをつかっていたが、予防ということをまるで知らなかったのである。ただ交接をつつしむことしかないと思われていた。

もっとも、ごく一部には予防としての検梅を知っている日本人もいたようすである。元平戸藩主松浦《まつら》静山《せいざん》の『甲子夜話《かっしやわ》』に、和蘭屋鋪乙名《おとな》、末次忠助書翰写《しょかんうつし》として、オランダ医師ハーゲンからきいた話が記されている。外国では「遊女も七日目ごとに医師遊女屋に参り候て陰門迄《まで》あらため候由」、その結果千人のうち梅毒患者は五、六人だが、日本ではかかっていない者が五、六人である、と。

日本が鎖国政策をとりつづけているあいだに、アジアに植民地をひろげていたヨーロッパの国には、日本の梅毒の様子は知れわたっていたのである。ロシア艦の申し出も、日本のこうした状況を怖れてのことであったろう。が、丸山は外国人を相手にするわがくにただひとつの遊廓であったから、それなりの権威をあたえられていた。遊女も天領長崎のものにかぎるというたてまえを誇っていた。そのためロシア艦の申し出をことわることができた。けれども対外交渉の微妙なこの時期に、幕府としてはそうはいかず、苦慮した長崎奉行は長崎養生所の医師松本良順に丸山の説得をたのんだ。

松本良順は丸山花月楼主と相談して、この遊廓の権威をそこなうことなく、ロシアの要求も受けいれることを考えた。それは丸山とは別のところに女を集めて、丸山の各遊女屋に名義だけいれさせて遊女とし、手数料を納めさせて、ロシア人の相手をさせるというものであった。

こうして長崎市街の対岸稲佐郷にその遊女屋がつくられることになった。福田屋甚八と醬油屋和助、そして水屋伊太郎の三人に百両を与えて女を集めさせた。はじめは民家を借りた。これがのちに稲佐遊廓となるのだが、そのときは露西亜マタロス休息所といった。マタロスとは水夫のことである。

集められたのは、長崎やその近くの村のまずしい娘であった。十四歳のかね、十五歳のるせ、などをふくめた二十七人で、十七、八、九歳が多かった。みな源氏名《げんじな》に稲の字をつけて、稲岡、稲里、稲垣、稲浦などと名づけられた。そしてロシア軍医の要求どおりに検梅をして水兵たちをむかえた。おろしや女郎衆のはじめである。

丸山にのこっている古文書には、このことが湯屋とか髪結所など人びとが集まるところでうわさにのぼり、遊女の年期がみちて親元へ帰ってきても嫁にやれない、と、親たちが嘆いたとある。

そのときはもとより、その後もながいあいだ梅毒検査ということばはなかった。

その知識が育たなかったからである。文書には「陰門開観」とある。もともと長崎やそのあたりでは外国人への反感はほとんどなかったが、それでもふるさとの習慣にないこのようなことに、当人も親たちも、そして検査をする医師も屈辱を感じた。長崎養生所の医師で、かつマタロス休息所をつくるほどの妙案をたてた松本良順でさえ次のように話している。

「私は、まだこんなことを、やったことがないので、ポンペに教へられて、やって見たが、イヤもう一二度で、嫌でたまらなくなったから、それからは、書生を交る々《がわる》に検査にやった」（『長崎洋学史』下巻）

この談話がでている良順の回顧談『蘭疇翁昔日譚』は記憶ちがいもあって信じがたい面をもつとの説もあるが、これは本音をもらしたものと受けとって、ほぼまちがいないだろう。のちに将軍家茂の侍医となったり、西洋医学所の頭取《とうどり》に任ぜられたり、維新後は初代軍医総監となった、医師松本良順蘭疇《らんちゅう》ですら、こと検梅に関してはこんな考えしかもっていなかった。

検梅はそののち、それを遊廓が抱え医師にまかせたこともあって、ほかの感染性の病気とはちがった受けとられ方をいつまでものこした。良順に検梅の方法を教えたオランダ医師ポンペは、ただ予防のための検梅ではなく、廃娼論を前提とした検梅を日本でもたびたび説明したが、まるで受け入れられず失望をかさねていた。

さて、露西亜マタロス休息所は酒なども置いてにぎわう場所となった。ロシア人を揚げるのをことわっていた丸山遊廓では、ビリレフ提督などの将校が、稲佐に家を借りて遊女を高給で引きとめはじめると、現金なもので、高級軍人だけを相手に遊女を送りはじめた。ロシア軍医の検梅を受けさせたうえで。

このように、検梅はおろしや女郎衆とともに始まり、さらにおろしや女郎衆はからゆきさん発生へと結びついた。また検梅はやがてロシア人相手の娼妓だけではなく、外人を客にする女たちすべてが受けねばならなくなった。

明治元（一八六八）年に、イギリスの医師ニュウトンのすすめによって、横浜に外人相手の娼妓たちの梅毒病院が建てられた。つづいて四年には小菅県（現・東京）の千住に旅籠《はたご》屋の飯盛女のための梅毒院がつくられた。これは日本の男を客とする娼妓の検梅をするためであった。国内むけのはじめての検梅であったが数カ月で中止となった。というのはこの病院の費用や雑用を旅籠屋が負担したり、また検梅をうける娼妓たちへの思いやりに欠けたりしたためであった。その検査はほとんど公開にちかくて、だれでも見ることができたし、検査医もなれていないので、けがをする女たちがでたりしたのだった。

同じ年の十二月には大阪でもはじめられた。それがどのような意識のもとでなされたのか、若い娼妓が検査を苦に自殺したりした。その妓や親たちの思いがどのようなものであったか、当時の新聞はつぎのように報じている。

「浪花医学校に於《おい》て黴毒《かさ》の療治を施行するに付、府下の遊女町へ触れて家々の抱子供を呼上げたり。其日集りたる妓は一室に入ず。医四五人立会診察して暫《しばら》く休息させ、今日は引取り可申《まをすべく》、追て療治の沙汰可有之《これあるべし》と何事なく返しけり、程経て呼出したり。

衆妓先日之通相集る。又一室へ入れ、今日は室の内外より厳に錠を鎖《さ》したり。室内には椅子を設け置、妓一人づゝ裾裙《すそ》掲げ、尻を現はし腰をかけしむ。椅子の敷板に円径五寸程の穴ありて、是を覗《のぞ》けば、黴毒の根元大蛇の口を張りたる如《ごと》く、奥の院迄洞見すべし。此時衆医集まり椅子の下よりして、大蛇の口へ管を挿し入れ、器械を用て押広ろげ、間口より奥行を熟覧点検す。妓遁《のが》れんとすれば左右補介の医員挫圧して動かさず。此体《このてい》を見て衆妓一時に騒ぎ立つ。

医員告《つげ》て曰《いわ》く。此点検を不受《うけず》ば、以後渡世を禁じ、眉《まゆ》を落し、一生偶《おとこ》を不得と説得す。衆妓たとえ如何様ありても、此療治は受けがたしとて或は声を揚げて泣き、或は遁れんとして狂走せしが、一室厳に鎖したれば、一人不残《のこらず》改られ、大蛇の口を遁れたるものなかりしとぞ。前日此室に在て診一診し、煙茶談笑して還《かえ》す。今日此室に在て此術を施す。是もまた匙頭《さじ》無量《かげん》の配剤なる哉乎《かな》」（明治四年十二月十六日、大阪日報）

いっぽう政府はむずかしいことばを並べて、娼妓屋にあてて検梅の必要を通達した。そのなかで「虱《しらみ》と借金はかくしてもおのずとあらわれる。が、瘡はかくすこともできない、鼻が落ちたり目がみえなくなったりする」などといい、「検梅をしないと娼妓渡世はさせない、そうなるとおまえたちは飢えて困るだろう」とおどした。

このようにおどされおしつけられて、娼妓たちは検梅を受けさせられた。もっともそのころは先にもふれたように「陰門開観」といった。娘たちは梅毒でくるしんでいる者の開観は承知するが、発病していない者をも開観するのは不承知だ、と抗議した。

十代になるやならずでまずしい家から送りだされ娼妓になった娘たちには、なぜそのようなことが必要なのかなっとくできなかった。伝染予防のためという。が、その予防のためには客の検梅こそ必要だと感じたにちがいない。新聞のなかにも、買い手である「男子ヲ罰スルノ法則」を設けて売春のすべてを禁ずるが早道だという論説をだしたものがあった（明治十年八月、朝野《ちょうや》新聞）。

また政府は検梅の先進国の様子をしらべに行ったが、スウェーデンやロシアの規則には、娼妓は客の疾患の有無を下着その他によってあらためてのち、接することができる、という一条が入っていた。

けれども日本は娼妓に客の品定めをさせるなど、とてもゆるせる国柄ではなかった。それに発病しているからといって男たるもの娼妓が買えぬなど、思いもよらぬことであった。また娼妓自身も、親につかえるように楼主につかえるものと考えていた。なにしろ娼妓にしてみれば楼主は金を貸してくれて養い親となった人であったから。

こうして検梅が実施されていったが、おさえがたい抵抗が、「絵にかいた枕草紙をやめにして、なまをみたがる馬鹿な役人」という狂歌をくるわに張りださせたりした。枕草紙が発行禁止になったあとだった。

娼妓のあいだにはなにかと噂《うわさ》がながれた。かの女らを不安にさせた噂は、外国人が日本の女に陰門開観をもとめるのは、からだのなかの真珠をぬきとるためだそうな、というものであった。これをぬきとられた女は、いのちの精がぬけて長生きできないともいわれた。

今日からみれば笑い話にもならないが、電線には娘の生き血がぬってあるので電気が伝わるのだ、とか、写真をとられると魂をぬかれるそうだ、とかいっておびえた当時のことなのである。

シベリアゆき

稲佐郷の露西亜マタロス休息所は、それがつくられて十年後の明治三（一八七〇）年に稲佐の悟真寺のうらに移った。イギリス人ニュウトンが長崎の大徳寺境内《けいだい》に梅毒病院を開いてからも、ここばかりはロシア海軍の軍医が検梅をして、イギリス人に干渉させなかった。マタロス休息所はロシア水兵でにぎわいつづけ、そしてさらに三年後にその名を稲佐遊廓とかえた。

ロシア軍艦の乗組員のなかには農家や漁師の家のひとへやを借りて、おろしや女郎衆と日を送る者もいた。ひと月に五両もだしてまずしい村びとをおどろかしたりした。村娘たちはおろしや兵の世話をして稼ぎとした。

ロシアはヨーロッパに良い軍港が持てず、やむなく日本海に面したウラジオストックをつかっていた。が、冬は氷《こお》ってしまうので、明治になってからもながらく長崎港を利用した。そして明治三十一（一八九八）年に旅順を租借地としてから、ロシア艦は稲佐と縁どおくなった。それまでは、おろしや女郎衆はここにずっといたといっていい。稲佐が遊廓となってからは客はロシア人とは限らなかったけれども。長崎では大正のころまでこんな俚謡《りよう》がうたわれていた。

ことしゃ十三月　肥前さんの番代り
四郎ケ島に　見物がてらに
おろしやが　ぶうらぶら

マタロス休息所のころの唄かとおもわれる。ともあれ稲佐とロシア海軍とのつきあいは、きれぎれながらながくつづいた。稲佐郷からは、ごく早い時期にウラジオストックへ渡った人がいた。ロシアの軍艦はウラジオを母港としていたので、あるいは同行したものかもしれない。明治八（一八七五）年に外務省出仕の初の貿易事務官瀬脇寿人がウラジオに渡ったときには、もう日本人の女郎屋があった。その世話人に稲佐のものがいて、のちのちまで勢力をふるった。十四歳や十五歳でおろしや女郎衆となった村娘たちが、ロシア語をおぼえロシア人のなじみをもったとしたら、ウラジオはしたしいものに思えたろう。また外人相手の女郎屋の経営は日本人相手よりも金になることを知った人びとにも。そしてその有力者は、ここに骨を埋《うず》めた稲佐出身者有田伊之吉だった。

その子の繁蔵や、同じく一族とおもわれる有田弥助も女郎屋を女房にまかせて、ばくちを打ったり、シベリア鉄道の敷設《ふせつ》工事がはじまるとその下請けをしようとしたりした。また金貸しをしていたので、女郎屋をひらきたがる者たちのせわをした。ロシア当局とそれらの人びとの間をとりもったりもした。明治十年代から三十年代前半のことである。

おろしや人の里シベリアは村のまずしいものにとって、からだひとつで荒かせぎができるところになっていった。稲佐遊廓にはシベリアがえりの人が貸座敷や料亭をひらいた。

『東亜先覚志士記伝』にかれら志士たちが、「露語通の長崎稲佐の志賀老人に頼り、有名な稲佐のお栄さんに縋《すが》り」ロシア語を教わったとある。この「稲佐の志賀老人」とは、マタロス休息所ができたときに、その行政にかかわった彼杵《そのき》郡浦上村の庄屋、志賀九郎助その人か、または縁者でもあろうか。九郎助には銀四五〇目がわたされていた。

わたしはシベリアがえりのからゆきさんが「稲佐のお栄」について話している新聞記事をみかけた。シベリアゆきの出世頭のようだった。お栄さんの手がかりをほしいと思った。というのはおろしや女郎衆がシベリアゆきとなったことを、それが具体的に語ってくれるように感じたからだった。

「女天下」という見出しで、島原半島聞書という副題をもつ記事が福岡の新聞に出ていた。

「醜業婦《しゆうぎようふ》の成功と云ふのもなんだか変だが、実際彼等の群より出で、見事目的を達し、現に巨万の富をなし、有髯《いうぜん》男子を頤《あご》で使つて、贅沢三昧《ぜいたくざんまい》で暮し居るものがある。その最も汎《あまね》く知られたのは、長崎稲佐のお栄の如き、島原半島小浜のお君の如きである」（明治三十九年、福岡日日新聞）

また永見徳太郎著『南蛮長崎草』には次のようにふれてあった。

「稲佐お栄は、露国の宮中や大官に迄、その艶名を伝へられ、やんごとなき君々と枕を交した事も一度や二度でなかつた」

こうしてみるとお栄はあでやかな女であったように思われる。『長崎市史』には、かの女は道永エイといい、稲佐に料理屋をひらいた女将とあった。

この「有名な稲佐のお栄さん」のことを、婦女売買で名のでたアラビアお磯というからゆきさんが語っている記事があった。

「一体長崎辺では稲佐のお栄を名物のやうに云ひますが、アンナものが何んでありますか、此アラビアお磯の目からみればお栄なぞは三文の値打ちもありません」(明治四十三年、福岡日日新聞)

お磯は島原半島の北部出身。ニコリスクなどで女郎の引きぬきに出歩いたり、広いシベリアを行き来するときに、いつもアラビア馬を走らせていたので、アラビアお磯の名がついていた。

おろしや女郎衆が直接シベリアへ渡ったときめてしまう資料はみあたらなかったが、それでもこうしてたどってみると、そのおもかげは感じられる。十四、五でロシアのことばや風習に通じ、村のちかくで稼ぐところもない娘たちが、なじみになったロシア兵やそのくにへ、したしさをもったとしてもふしぎはない。

明治も二十年になるとウラジオの在留日本人は四千人から五千人へとふえていった。娼妓らは二百余人。そのころの女郎屋のボスは島原生まれの吉田万吉だった。洗濯屋というのがロシア人社会に重宝がられて繁昌《はんじょう》し、そのボスが扶桑館という女郎屋をいとなむ近藤。日本人居留民会の会長が近藤の女婿の川辺虎。書記長が吉田万吉の子分の菊池軍三郎。そして通訳が仁科岩次郎という男。

ざっとこうした顔役がいて、大半は女郎屋によりかかって生活していた。直接娼《しょう》楼《ろう》をいとなまずとも、娼楼はぼろい金もうけの道であった。つぎのものはアラビアお磯の談話である。

「夫婦共稼ぎの積りで浦塩に渡りましたが口一杯が関の山、いつその事に女郎屋を開業しやうと思つたのですが、浦塩では他の女郎屋組が八釜《やかま》間しく云ふもので、誰にも許されぬマトロスソボツカと云ふ所に開業することにして、貿易事務官通訳兼浦塩政庁通訳官の仁科と云ふ人と、儲《もう》けは山分けの約束で運動方をたのんで、警察署長に二千円の賄賂《わいろ》を遣《や》りました。女郎屋の免状を下げて呉《く》れましたから、住友某《なにがし》から六千円借つて、家賃一ケ月五百五十円の家を借り、これに四千円の保険をつけ、ゼツカ二十五人を雇ひ入れ、私は素人《しろうと》ながらも百五十円で子宮鏡を買ひ、自分で女郎の検梅をして居りました。

開業した場所が場所だけに、ロシアの陸海軍の将官や士官が押し寄せて来まして、開業の初日早々、タツタ一昼夜で二千六百円の揚り高がありました。

さうするとこれを聞いた浦塩の女郎屋連中は忽《たちま》ち謀《む》叛《ほん》を起して、其翌日警察署長に五千円の賄賂を送りましたから、私は直《す》ぐ商売どめの処分を受けました。私は浦塩の知事のところへ、稲佐生まれの有田弥助を同件し、二百七十数回も哀願した所、

知事は警察署長に免職辞令を渡し、私に女郎屋の免状を渡してくれました」（明治四十三年八月、福岡日日新聞）

これは二十年代の話。話半分としても、じつに巨額の金が国外の為政者《いせいしゃ》のふところへも入っている。女郎屋へたどりついた娘たちがいかに吸いとられていたかがうかがえるのである。

ウラジオの女郎屋のボス吉田万吉は、日露戦争によってシベリアの日本人が引揚げてからは、大連に居をかまえたようで、このお磯の談話に出てくる。お磯は三十三年ころ万吉をたよって大連にわたり、ともに遼陽にむかっている。

話はそれるが、吉田万吉の名は「密航婦」を誘拐していっしょに密航しようとして門司でとらえられる男のなかに、時折顔を出す。明治三十五年には島原半島の南高来郡の村むらから少女たちをつれだして、香港へ運ぼうとする英国船にひそんでいた。シベリアで勢力を失ったのか、追放処分をうけたのか、それともっと広い範囲に動けるようになったのか。ともあれこのころともなると九州には世界無宿と自称する男たちがいたのである。またお磯のように、往来売女《ばいた》などと世間でいわれた女ボスもいた。

お磯はウラジオの女郎屋の親分から金をあずかって、数度にわたって帰国。一枚十五円で買った旅券を娘たちにもたせて五、六人ずつウラジオへむけて送った。これが露見して明治三十三年四月に二百円、五月に二百五十円、十月に三百円の罰金刑をうけている。

いっぽうで稲佐のお栄の繁栄をきき、他方でアラビアお磯の誘惑にあう島原半島。村の娘らは魚の行商などに歩きながらその胸をさわがせたことだろう。村むらで、そして長崎や博多などの出稼ぎさきの町角で、往来組によびとめられて二つ返事でついていくのは、自分たちとおなじようにまずしかった娘たちが、七、八年で稲佐のお栄のように、あるいは小浜のお君や、のちに述べる三会《みえ》村のお稲のように、指輪まではめて帰ってくるからであった。親たちもいつまでも村を離れぬ娘の腑甲斐《ふがい》なさをなじるほど、その日ぐらしであったし、女の子を産み育てるのはほどよい投資と考えるのがごくふつうであった。

どの国の新開地も、独り身で働く男たちと娼婦によって開かれる。ウラジオはにぎやかなのは港近くばかり、あとは草原であった。ましてシベリアを奥に入るとからゆきさんは草原に吸われる虫たちのようにいくらいても足りなかった。ロシアはシベリアの広大な原野をひらいてヨーロッパ゠ロシアとウラジオとをつなぐ鉄道を敷こうとしていた。たいへんな工事だった。世界の各地からまずしい男たちが工夫にやとわれた。イタリア人、ドイツ人、清国人、朝鮮人、日本人などがロシア人とともに働いた。女は日本人と朝鮮人が多かった。ロシア女がいちばん価が高かった。女郎屋の主人は吉田万吉ふうの博徒《ばくと》がほとんどで、数人の娘をしたがえてシベリア鉄道の敷設される大陸を奥へ奥へとすすんでいる。工事の下請けにありつこうとする博徒。原野の急造小屋にたむろする人夫たち。ロシア人の家を借りて住むからゆきさん。ニコリスク、ハバロフスク、ブラゴエシチェンスク、ヤンチハなど、工事の拠点地に女郎屋ができた。はるか奥地のストレチェンスクにも三十年ごろ二軒の女郎屋があって、からゆきさんがきもの姿でくらしていた。

シベリアには日本の軍関係者や民間の志士、またはロシアや清国の間諜《かんちょう》がひそみ、からゆきさんの近辺に出入りしていた。石光真清著『曠野《こうや》の花』や『国士内田良平伝』『東亜先覚志士記伝』などには、かれらとかかわりながら曠野に消えたからゆきさんの姿が描かれている。

ウラジオには朝鮮人が住むところがあり、そこにも娼街があった。朝鮮の国境の人びとも日本のからゆきのように、ロシアや清国の領土へと流れでていたのである。朝鮮人の遊び人と日本人博徒とが、なわばりをあらそうようなこともあった。

そのころ朝鮮の北部にもロシア軍が国境を越えて兵を駐留させていた。

その国境あたりの民謡に、

信じちゃだめよ
信じてはだめよ
ロシアへ行く人を
信じてはだめよ　エー

坊や坊や
泣くのはおよし
北夷《とい》の兵隊が
引っぱっていくよ　エー

などと、そのころのようすを感じとらせるものがある。

日清戦争のあとは日本も京城に兵を残した。そしていよいよ日露開戦まちがいなしとの噂がたちだすと、シベリアにいる日本人は浮足だった。いっぽうヨーロッパ＝ロシアから派遣されたロシア兵は、除隊してもくにへ帰れずシベリアに足留めされた。かれらのようすを「薄給にて生活費も思ふ如くならざるに、戦争の風説盛なるため自暴自棄の気味となり、常に粗暴の行動をなし、日本人の料理屋などに於て大いに乱暴を行ひつつあり」と福岡日日新聞は伝えた。からゆきさんは戦争の噂におびえながら、これらの兵士をも相手に稼がせられた。そしていよいよ日本人の総引揚げの折に、無残な姿で敵地にとりのこされたのだった。

この開戦直前の日本人の引揚げは明治三十六(一九〇三)年十月からはじまった。ウラジオストックの貿易事務官から、この際帰国したがよかろうと各地の居留民へ電報がとどいたとき、居留民たちは集まって話しあい引揚げを決めたのだった。ハバロフスクからウラジオを経て敦賀《つるが》に帰ったある婦人は、そのときのことを語っている。

「ハバロフスクには日本の遊女屋が八軒ありまして、百人ばかりの女郎が居りますが、いよいよ引揚げとなると、旅費を楼主から渡さねばなりませんので、楼主らは旅費がないといふのを口実に、踏止《とど》まる事といたしましたのです。可哀相《かわいそう》なのは女郎達で、今にも戦争をせうといふのに、如何《いか》に商売とは云ひながら当の敵の露西亜人に操《みさお》を売ておられるものかと、一同楼主に嘆願しましたが、どうしても旅費を渡してくれず、それなら勝手に帰るから稼ぎの預け金を返してくれと云つても、それさへ渡してくれません。稼ぎの預け金は多い人で五百円くらゐあります。せんかたなく泣きの涙でみんな残ることになり、一同引揚げる時には声を立てて泣くものもあつて、ほんとに可哀相でした。

女郎のなかで浦塩まで逃げて来たのは、たつた二人で、丸裸で来たのですから、わたしらの仲間で旅費をこしらへてやり一緒に連れて帰りました。浦塩では十八軒の女郎屋のうち、十七軒まで引揚げました。総督府ではハバロフスク在留の日本人は充分に保護してやるから帰るに及ばないと引留めましたけれども、この前の北清事件の時に、ブラゴエシチェンスクで三千人の支那人を黒竜江の中へ墜落して銃殺したと云ふ話もありますし、どうも不安心なので、二百余人の居留民中女郎屋と女郎をのぞいては、みな引揚げて参りましたのです」（明治三十六年十月、福岡日日新聞）

このブラゴエシチェンスクの事件を皮切りに、ロシア軍の清国侵入は激化の一途をたどる。

「突如としてブラゴヴェヒチェンスク在留の清国人狩りが一斉に行われた。商店主たると苦力たるとを問わず、またロシア人に雇われていようといまいと、何の容赦もなく各戸から引ずり出されて」、子どもにいたるまで黒竜江につれ出され騎兵に包囲され、踏み殺され銃殺されたのである（石光真清著『曠野の花』）。
鉄道沿線は義和団やその名を借りた暴徒によって混乱した。清国人の排露感情によってロシア守備隊や鉄道員はおそわれた。ある村ではロシアの女は少女にいたるまで赤裸の死体となってころがった。まさに無政府状態となったのである。こんな状態のなかでも日本人女郎屋の主は商売をしようとした。また日本の国は清国領土をめぐってこのロシアと争おうとしていた。

日本人がシベリアを引揚げるとき、ウラジオ本願寺別院に開教師として赴任していた太田覚眠《かくみん》という僧侶は、帰るにかえれぬからゆきさんたちを見捨てて引揚げるにしのびず、再三の説得をことわって残った。川上事務官はピストルと一包みの弾丸を、万一の際の自決用に、と贈っている。ウラジオにはすでに戒厳令がしかれ日本人の居住は許されなくなっていた。二月、厳寒のさなかであった。

太田覚眠は朝鮮人に姿をかえて、ひそかにハバロフスクへむかった。さらに氷上をそりで六昼夜かけブラゴエシチェンスクに着いた。そのとたんにロシア警官にとらえられた。そして囚禁《しゅうきん》がつづく。のこっていた三百人ほどの人びともとらえられ、やがて降りしきる雪の原野を、はるばるとウラル山脈の北方に送られ、そこで監禁の日夜をすごした。

この日本人たちはおよそ十カ月ののち送還されたのだが、その数八百余人にもなっていた。しかし、からゆきさんのなかには帰路を断たれてばらばらになり、吐息も凍る原野で亡くなる者もでていたのである。

シベリアへわたったからゆきさんには、娼妓のほかにロシア人の家庭の子守りとなった少女もすくなくない。素朴な村娘のまま引きとられて、そのすなおなあたたかさが愛されていた。

この少女たちも日本人の総引揚げのときにかえされた。ロシアの子どもたちが別れを惜しんで少女にとりすがった。親たちがなだめすかしてもきこうとしない。親たちは話しあって貿易事務官にたのみにきたりした。「われらいのちにかへて保護する」ので、この少女たちをつれかえることをやめてほしい、と（明治三十六年十月、福岡日日新聞）。

村の女の子たちは、十歳をすぎるころから富農の家などに、子守りにでたりした。背に子をくくりつけられた姉妹が、それぞれの奉公先から木の下でおちあって、日がな一日遊ぶ話を、わたしも近くの老女からきいたことがある。そのようなくらしぶりを、はるか北のシベリアでしていたのであろう。

こうした娘っこも帰国した。帰ってゆく人びとに追いすがるようにして船に乗ったからゆきさんは、くにをでたときのままの無一文だった。いやそのときの健康をなくしていた。なかには日本の港についてもふるさとへ帰れない人もいた。

　天草の福連木《ふくれぎ》村出身のおサダは、同じ村の伊之助に誘拐されて、ほかの少女たち七人といっしょにウラジオに密航。十八軒の娼楼のひとつに売られていた。が、開戦直前に人びとが帰ってしまったので、なんとしても帰りたくて、病気をおして旅費をつくった。それでも引揚げ船にのれなくて、釜山までの船に古毛布一枚とふとんの古綿を手荷物にしてのりこんだ。

　そして釜山でのりかえてようやく博多に着いた。もはや手もちの金もなくなっていた。みかねた車夫が博多署へつれていった。そしてサダに口ぞえして保護をねがってくれた。が、署では、歩くに堪《た》えぬからだではなし、もっている古綿を売って旅費とせよ、といってかえした。

「警察の目を忍んで密航をしながら、本国へ帰るや否や保護願とは図々《ずうずう》しさも一しほにて、斯《かか》る浮目に逢《あ》ふも仏家のいはゆる自業自得なるべし」という福岡日日新聞の記事が、世間の目をよくあらわしている。

異人の子と上海

稲佐とシベリアとの関係に似たものが、長崎と上海とのあいだにもあった。混血児を媒介にして。

長崎は藩制時代のただひとつの貿易港だった。海のむこうのようすはみなここから国内にはいっていた。異人の居留地があるのもここだけだった。いきおい市井《しせい》の人のくらしにも外国の影響が及ぶ。そのもっとも卑近《ひきん》な姿が混血児であった。

あいのこ、異人の子、と呼ばれる混血児はおおむね遊女が産んだ子どもたちだった。その父は子を残して本国へかえってしまい、紅毛人《こうもうじん》をみなれた長崎でも、肌の白い目の青い子は、やはり肩身せまく生きた。

もともと日本の村では母親だけの子は何かにつけて人なみにあつかわれぬきらいがあった。はずかしめに似た思いをさせられた。村びとどうしでさえそうであったから、異人の子を産めば産んだものも生まれた子もつらい。ひそかに国の外に売られた。

遊女の子は水子《みずこ》として流されることが多かったから、国の外へ売れるほどに育った異人の子は、枕宿といわれた街娼の子であったろう。周知のように長崎には唐人屋敷やオランダ屋敷があって、ここへ通うのは丸山遊女に限られていた。けれども幕末になるとそれは表向きのことになってしまい、市中に散宿する外国人もふえたし、またそれを待つ女たちも多くなっていた。

そしてそのころは遊女たちが産んだ混血児のあつかいも、長崎奉行の達しによってかわってきていた。たとえばそれまで国の外へつれだすことは禁じられていたが、母親である遊女が反対しなければ、父親はその混血児を自分の国へともなうことができるようになった。あるいはそれまで遊女は産んだ子を育てることはゆるされなかったが、父親である外人に異論がなければもらいうけることがゆるされた。

このように混血児に対するあつかいが変わったのは鎖国がとかれたためだが、生まれる子どもがふえていたためでもある。そして父親も引きとらず遊女も育てることができないばあいは、その混血児を十歳までは日本人として取扱い、市街に居住せしめ、十歳以上に達する時には外国人として居留地に居住せしめることと定められた。国外に売られた混血児はこのような引きとりてのない子どもたちであったろう。

明治三（一八七〇）年に長崎や島原地方から三十四人もの混血児が清国人に売られ、それが政府で問題となった。幼い子を売る風習は日本のどこにもあって、天秤で担って「子どもはいらんか」とふれ歩く人売りがいたころである。

その当時の長崎には清国人はおおぜいいた。イギリス人が八十人、アメリカ人が四十人ほど、あと諸国人がそれぞれ十人内外いたなかで清国人は六百数十人にのぼっていた。かれら外国人の居留地は治外法権で、どんなに犯罪が行われようとも日本政府は手を出せなかった。

やむをえず新政府は布告を出した。

外国人へ「御国民売渡候儀ハ第一国体ニ於テ」すまないことであるから、そのようなことがないように地方官は十分に教育せよ、と。

「御国民」といったり、「国体」をもちだしたりするのは、いかにも開国したばかりという感じである。が、御国民といわれようと、国体に対してすまぬと叱られようとも、親たちには売らねばならぬ事情があった。人売り業者もそんなことにはおかまいなく混血児をあつめては売り渡した。

地方官はこれを禁ずる法律がないことに気づいて、布告のあと政府へ伺いをたてた。そして明治四年に太政官達《だじょうかん》として外国への人身売買が禁じられた。

それでも清国人への幼児の売り渡しはやまない。そこでさらに五年になって達しがでた。昨年国外への幼児の売買を禁じたにもかかわらず、まだひそかに売られているときく。これは国民が売るから清国人も買うのである。こんご外国へ売った者は厳重に処置する、と。外国人の人買い業者を処分することができないので、子を手ばなす母親が責められたのだった。

このように混血児は清国の人買いによってその国へつれ去られていた。清国でも日本と同じように幼い子を育てて妾《めかけ》や娼妓や下男として売買する風習があった。もっともその当時は清国や日本ばかりでなく、ほかのくにでも幼児の売り買いがあった。ジャバでは市場にならべて売られていたし、バタビアの新聞には子どもの売買広告が一九二〇年代になっても出ていた。

こうした風習が国際化しはじめたといえる。清国人は上海の港を出て長崎へやってくる。長崎と上海とは、たがいに対岸の町であった。二つの町は石炭を焚《た》いて走る船によって、陸上の道よりもなめらかな通路で結ばれていた。長崎港にちかい高島の石炭山ではシーボルトが新技術をもちこんで採掘をいそいでいたし、島原の口《くち》之津《のつ》港には外国船が石炭の補給にやってきていた。

歩くに困難な陸路を食いつめてゆくよりも、船底にもぐって国の外にでれば所払

い の刑も意味をもたなくなる。幕末の長崎街道や、高島炭坑や、唐津藩、三池藩の炭坑には、遊民や無宿者や所払いをうけた人たちがうろうろしていた。お尋ねものの廻状《かいじょう》がいまも残っている。いつの時代も、社会からこぼれおちそうな人びとが集まる盛り場や仕事場はきまっている。鎖国が解かれたことで、この人びとには海上の道がかがやかしいものにおもえたことだろう。そして対岸の同じような清国人にも。

遊女が、自分の産んだ混血児を直接清国人に手渡したわけではない。人売り業といわれる口入屋《くちいれや》が日本にはあったし、清国でも同じだった。そしてこの業者は人の売り買いを混血児や幼児にかぎっていたわけではない。明治のはじめの日本政府が娼妓となるのを禁じたのは十五歳までであったが、その年齢にならない娘たちも、似たみちをとおって清国人の手へわたされていたことだろう。「娼妓輸出の出願」という見だしの新聞記事がある。鹿児島の士族が「活計に困る者の多きゆゑ」これらの娘たちを「上海に連れ往き、年限を定め、娼妓渡世を為《な》し、活計の目途の立たる上帰朝させ度《た》」くと政府へ願いでたのだが（明治十二年三月一日、朝野新聞）、かれは、上海で娼楼営業がむりなくできることを知っていたのでは、とわたしに感じさせる。そして維新前後に売られた幼児たちのなかには、その草分けをしたもののもいたろうと思ってしまう。

維新後は士族出身者の大道での見せものが目についた。行商も多かった。無頼の者と組んで娘たちを食いものにする者もみうけられた。上海の様子が耳に入る機会もすくなくなかったろう。明治十五年の上海には、もうおよそ七、八百人にのぼる日本娘が「東洋喫茶」で客を引いていた。

上海は、長崎の人にいわせるなら、下駄ばきでひげをそりにいくところ、だそうだ。この表現は靴をはく習慣が一般にも及んでからのものだが、長崎唐人町に唐人がいくらも住み、寺や祭りにもその風習がとけこんで、上海はいつも身近に感じて気軽に行けるところであった。稼ぎの場をもとめる長崎かいわいの人びとにとって、窓はこちらに開いていた。上海から和船が入ってにぎわうのは浪ノ平の遊廓だった。ここの遊女屋は枕宿ふうの安手のところである。明治三年からは検梅をうけて外国人に接したが、人買いの船員や博徒や外人ゆきの遊女たちの酔声がとびかうところだった。渡海の機会はいくらでもあったのである。

からゆきという海外出稼ぎは、いかにせっぱつまった嬌声《きょうせい》によって開かれたことか。さしあたって身近な窓からとびださねば、家庭もろとも奈落《ならく》へしずむ、と、知りぬいているものたちが、人も我もすくう思いで幻の僥倖《ぎょうこう》にすがるように開いた道だった。からゆきさんを身近に知る人は、売られたとも自分でとびこんだともはっきりわけられない、という。密航の途中でみつけられた娘たちのなかには、誘拐者の名も誘拐のこともめったに吐こうとしないものもすくなくなかった。それはおそらくかの女たちのぬきさしならぬ賭であったのだろう。

そのような娘たちをどこよりも早くからかかえたのは上海だったろうと、思う。ウラジオよりもおそらく早い時期から、より多くの日本娘や混血娘を住まわせたのではあるまいか。明治十五年にすでに八百人である。

混血児の売買の多かった島原地方は、長崎の枕宿に入りこむ娘を藩制期から出していた。幾度かそのことを禁ずる触れが出ている。明治に入っても村びとのくらしがよくなるわけでもなく、飢饉《ききん》すら度々《たびたび》あった。

次のものは明治二十六（一八九三）年のものだが、口べらしの出稼ぎが大切な生活の方法だったことをしのばせる。『長崎県南高来郡町村要覧』の一端である。

上等ノ人ト雖、単ニ米飯ノミヲ食スルモノ少ク、多クハ粟ヲ加フ。中等以下ニ至テハ之ヲ等分シ、或ハ『コツパ』（切干藷《きりかんしょ》ナリ）ヲ加ヘ、下等ニ至テハ『コツパ』ニ粟麦ヲ雑《まぜ》ルハ其上ニシテ、多クハ甘藷或ハ『コツパ』ノミヲ食ス。以テ其生計ノ度ヲトスベシ。

島原町、棄児七人窮民七人（男四人女三人）。廃藩ノ後一時貧民ノ生計ニ窮スルモノアリシモ、近年刻煙草ノ工業盛大トナリ、其職工トナルモノ多ク（一一三人）細民ノ生計ヲ助ク。

三会村、棄児五人窮民一人（女）。

大三東村、棄児三人。

湯江村、棄児四人窮民二人（男一人女一人）。人民ノ生計ハ農。男女夜業ヲナサザル者ナク、七島表オヨビ莚《むしろ》ハ男女ノ作業ニシテ、別ニ男ハ畳ヲ作リ女ハ木綿ヲ織ル。

多比良村、棄児九人。

土黒村、棄児四人窮民一人（女）。

神代村、棄児八人。

西郷村、棄児九人窮民九人（男五人女四人）。

伊福村、棄児二人。

古部村、棄児四人窮民三人（男一人女二人）。

守山村、棄児一人窮民一人（男）。

山田村、棄児六人。

愛野村、棄児六人。

千々石村、棄児六人窮民八人（男四人女四人）。

小浜村、棄児四人。

北串山村、棄児二人窮民一人（男）。

南串山村、棄児二人窮民六人（男三人女三人）。此村京泊名ニ四百戸ノ漁民アリテ対州薩州ノ海岸ニ出漁スルモノアリ。

加津佐村、棄児七人窮民十二人（男八人女四人）。本村海岸ニ漁民多ク、水月ニ六百戸ノ漁民アリ。遠洋ニ出漁スルモノ概《おおむね》二百艘《そう》（五人乗）ニシテ、ソノ百艘ハ対州洋ニ出テ、他ハ薩摩《さつま》洋天草外洋ニ出ヅ。又近年土州ノ海洋ニ出漁スルモノアリ。

口之津村、棄児二人窮民一人（女）。三井物産会社ノ石炭人夫千人ニノボルベシ（口之津村人六百五十人、加津佐村人百人、南有馬村人二百五十人。賃銭一人平均一日六銭五厘内外）。

南有馬村、棄児七人窮民二十一人（男十人女十一人）。

北有馬村、棄児八人窮民一人（男）。本村モ豪家多ク谷川ニ小都会ノ姿ヲナセリ。

西有家村、棄児六人窮民三人（男二人女一人）。本村須川ニ四百二十一戸ノ漁民アリ。南目第一ノ漁業地ナリ。遠ク対州薩州土州ノ海岸ニ出漁ス。ソノ数五十内外ナリ。此村ソーメンノ名所。

東有家村、棄児四人窮民十二人（男六人女六人）。此村豪家多ク商業島原町ニ亜《つ》ギ、南目第一タリ。又多クノ土地ヲ有スルモノアリテ本村人ノ他町村ニ有スルモノ地価四万九千余円。

堂崎村、棄児三人窮民二人（男一人女一人）。

布津村、棄児七人窮民四人（男二人女二人）。

深江村、棄児八人窮民十二人（男七人女五人）。漁民百余戸。

安中村、棄児四人窮民一人（女）。

この島原半島は雲仙火山地帯で耕地がすくなく、作物にとぼしく、耕地の割に人口の多いところであった。明治二十六、七年は旱害《かんがい》だった。

「忽チ乾燥ノ姿ニテ一面ニ黄白色ヲ呈シ、目下殆《ほと》ンド田面ノ亀裂ヲ来シ、誠ニ言フニシノビザル状況ナリ」（『三会村物語』）

十六、七年も凶作であったらしく「困難ニ陥ルモノ半バニ過ギタリ、中ニ就《つい》テ最モ困難ヲ極メシハ漁民ナリ」と戸長は報告している。この三会村の貧困者五十五戸。

三会村は島原町に近く、雲仙の裾がゆるやかに海へのびる台地にある。島原町の野菜をまかなっていた村で、他村にくらべて耕地は広い。山間の村むらは推して知るべし、である。明治四十三（一九一〇）年のこの村の外地滞在者は四十七人。女性の奉公が三十三人。あとは大工七人、雑貨商三人、仕立職、官吏《かんり》、石工、漁業がそれぞれ一人である。女たちの奉公は娼妓奉公と考えてまずまちがいはないと思う。奉公先は清国十六、英領十四、米国五、露国四、韓国二、台湾二。以上は奉公先が家族に伝えられた人びとであった。

この村に明治三十年代にお稲といって近村に名の知れたからゆきさんがいた。当時三十三、四歳。シンガポールに渡ってオーストリア人と結ばれたが、夫に先だたれた。家族はお稲の送金で田畠《たはた》を買い家屋の手入れをしたりして近隣にうらやましがられていたが、岡山県出身の潜水業をしていた男と十数年ぶりに帰郷して話題をまいた。外国から送金していた金について、実家の兄と裁判沙汰を起こしたのでいっそう人の口にのぼった。

小浜温泉にホテルを建てたお君は十九で上海へ渡り、稲佐のお栄と並ぶからゆきさんの出世頭となった。小浜温泉はシベリアから来る家族づれのロシア人や、上海、シンガポール、ジャバ方面から来る英仏人でにぎわった。夏には外人用の郵便局が特設されている。ここでお君はそのころめずらしいホテルの経営をしていたのである。

が、この特例者をのぞくなら、大半のからゆきさんたちは、ふるさとへの送金を夢みながらひどいくらしをしていた。

みるみるうちに日本娘がふえた上海では、日本領事がこれを国辱としてかの女たちをとらえ、本国へ送りかえした。明治十七、八年にかけておよそ五、六百人が帰されている。が、なお二百人がひそんでいた。上海での営業や密航がむずかしくなってきたので、次第に四方へ散っていった。安南、東京《トンキン》、芝罘《チーフー》、寧波《ニンポー》などに転売された。またずっと南下して新嘉坡《シンガポール》へ移された。やがてここがからゆきさんの拠点のひとつになる。

鎖の海

唐天竺をゆく

長崎の子どもたちは明治のころまで「クロス　マタロス　オランダの尻のごい（尻ぬぐい）」という唄をうたっていた。クロスとは黒人のこと。マタロスとは水夫のこと。黒人の水夫はオランダ人の尻ぬぐいをさせられている、というわらべうたである。子どもたちはこれを弱いものいじめをするときの、はやしことばに使ったりもしたろう。藩制期の長崎に貿易にきたオランダ人は黒人をつれていた。そのようすを見聞きしてこの唄はうまれている。

長崎のオランダ通詞《つうじ》の記録によると、一隻の船にはオランダ人数人と、十数人の黒人水夫とがのりこんでいる。この黒人は日本でもオランダ人と同じあつかいではなく、『長崎犯科帖』に黒坊丸山事件といって、黒人が頭巾をかぶって丸山遊廓《ゆうかく》へかよい発見されたという記録があるように、不自由な身分だった。かれら黒人がどういうことでオランダ人に使われるようになったのか、その貿易船はオランダ領ジャバから来ていた。一八一九（文政二）年に蘭領東印度会社が設立され、本国政府になりかわってアジアでの貿易を一手にひきうけていたころのことである。

このジャバにはヨーロッパ各地から女がきていた。日本のからゆきさんのように娼妓《しょうぎ》としてつれてこられた女たちである。当時、ヨーロッパの女の国際的な売買はさかんなものだった。ついに一八八〇年代にはそれを禁じようとする各国有志の活動がおこるほどになった。奴隷売買は禁じられても、なおそのなごりのように人身売買はつづいて、ひろくアジアへも及んでいたのである。

わたしはここでこれまでと少し視点をかえねばならない。というのもシベリアや上海などのように村びとと直接かかわりのある地方はともあれ、なじみのなかったと思われるハワイやアメリカに、ずいぶんたくさんの日本娘がいたからである。たとえばハワイでは、ウラジオが二百余人、上海が八百人ほどのころ、すでに一万人になっている。オーストラリアでも日本娘の排斥運動がおこっていた。

ヨーロッパの国際的な人身売買の伝統を、日本娘のうえにそのまま重ねるわけではないが、門司《もじ》港でみつけられた娘たちの密航にも、さまざまな外国人がかかわっていた。密航しやすい大陸を近くにもつ九州でさえ、そうだった。

アメリカやハワイやオーストラリアへ行ったからゆきさんのおおくは、横浜や神戸からでている。からゆきさんを密航させた誘拐業者にはなわばりがあって、九州、山口関係のものは関東や越後などに手をだすことはできなかった。たとえば多田亀は門司を根城に、九州や中国地方からおおぜいの娘をつれだしたが、横浜や神戸からその地方の娘をアメリカ方面につれだすことはできなかったのである。

わたしは九州のからゆきさんの窓口をのぞきみることしかできなくて残念だが、おそらく太平洋岸にもそれなりの、国内国外の密航業者がいたことだろう。資料も探しきれぬまま乱暴なことだが、つぎにわずかな手がかりを書きとめておくことにしたい。

アメリカゆき。

「加奈太横浜間の定期郵船エムプレッス・オフ・チャイナ号乗組のボーイに、藤原某《なにがし》と云ふ無頼漢ありて、常に在外売婬窩主《けいず》の手先となり醜業婦《しゆうぎようふ》密航の媒介をなし、数多《あまた》の周旋料を貪《むさぼ》りて酒食の資に供す。去る四月廿五日横浜出帆《しゆつぱん》の同船に醜業婦七人を乗込ませ、明樽《あきだる》七個を購《あがな》ひ来りて、右七人の婦女を詰込み、五月十日バンクーバー港に着し、甘《うま》く税関吏の目を掠《かす》めて荷揚をなし、既に約束の場所に持行かんとする一刹那《せつな》、四五人の警吏、件《くだん》の明樽を取押へたり」

ほかの誘拐者によって便所にとじこめられていた六人の娘を車夫がみつけてうばい合いの乱闘となり、見つけられた者たちが、くやしまぎれに樽詰めを知らせたのである（明治二十六年六月二十三日、東京日日新聞）。

「此程横浜より醜業婦を海外に密航せしめんと企てたるものあり。年頃なる四人の婦を各々一箇の函《はこ》にいれ、その蓋《ふた》を密封して、恰《あたか》も通常の荷物の如《ごと》く取り繕ひ、何食わぬ体《てい》にて税関に持ち運び、関税吏も敢《あえ》てあやしまず、役夫も只《ただ》の荷物と心得、其函を或は横にし、或は倒し、或は高い所より落しなどしければ、中なる生荷物、何でたまるべき、苦しまぎれにアツと叫び、密計忽《たちま》ち露見」（明治二十七年六月十七日、時事新報）

こうした樽詰め箱詰めの娘たちは、アメリカの港でアメリカの船員などの手をへてそれぞれの稼ぎに落ち着いたことが裁判の報道で知れる。ここでは日本の遊廓とはちがって、欧米式娼妓の姿である。日本ではそれを自由娼妓などといったりしている。ベッド一つきりの個室に住み、道具に三味線をそえたりしたわびしい姿である。入口に「日本人おことわり」と紙をはっている。その数がふえにふえ、日本式娼楼もできて社会問題となった。

日本娘をアメリカに密航させ売春を強要したかどで裁判にまわされた男のなかに、フランク・ネビルスという警官がいた。日本でも警官の婦女誘拐はめずらしくないが、アメリカでも事情は似ているのか、かれは中村コマその他数人の娘を密航させ売春を強《し》いていた。

かれはアメリカのある州の領事裁判にまわされたが、けっきょく無罪となった。合衆国には日本人の女の密航媒介をさばく法律はない、ということであった。わたしは黯澹《あんたん》としてくる。フランク・ネビルスといっしょに船にのっていたアメリカ人も証言したが、みな被告人を責めるどころか、彼は品行方正のきこえがたかい、といった。

「故に本案の裁判を為す左の如し。フランク・ネビルスを有罪なりとは相認めず」

（明治二十六年六月六日、朝野《ちょうや》新聞）

からゆきさんを売買していたのはアメリカ人ばかりではない。香港ではつぎのように日本娘の密航にかかわった者たちの裁判が行われた。明治三十九（一九〇六）年一月二十七日の福岡日日新聞の報道である。

「去十三日諾国船《だくこくせん》タヰラ号乗組二等運転士アヰナー・ハンセン、同三等運転士ハンス・ポユス・ニールセン及び乗組清国人四名が共謀して日本婦の密航」を助けた。発見のきっかけは密告であった。密告をうけた警察がすぐ船のなかをしらべたが、日本娘はみつからなかった。

ところがその後また密告をうけたので、船に引きかえし三等運転士をつれて色街をくまなく探した。その結果、十七人の娘が屋根うらにひそんでいるのがみつかった。この女たちの密航には二等運転士らや三等運転士数人がかかわっていた。女たちはひとり八百ドルずつ、かれらに支払っていたのである。

裁判長は「本件の如き欧人上級船員の常に幇助《ほうじょ》するあれば到底警察力を以《もっ》て制し難し」といい、被告たちにそれぞれ禁錮《きんこ》三カ月、科料金五百ドルから、禁錮四十二日、科料金四十ドルまでの刑をいいわたした。

香港ではこのように、密航にヨーロッパ人の上級船員が関係しているのはめずらしいことではなく、警察力ではおさえきれなかった。そしてこの香港について「醜業婦は日本のみが一手専売といふわけではない。例の広東ピーイはいはずもがな、亜米利加娘《メリケンガール》、独逸娘《ジアーマンガール》、仏蘭西娘《フレンチガール》、葡萄牙《ポルチユギー》など、殆《ほと》んど世界各国の醜業者は居る」とつたえられた（明治三十五年四月二十七日、福岡日日新聞）。

もっとも、国際的な人身売買はアジア人どうしでも古くからみられる。日本がそれをほしいままにしたのはかつての和寇《わこう》である。が、そんなに古いことでなくとも、アジアの諸民族のあいだでの人の売り買いはしばしばあった。安南、ラオス、カンボジア、シャム、ビルマ、ジャバ、インドなどの民族、部族のあいだで。

このような人身売買はいわば封建的なもので、売られたものは身分ある個人の私物となった。けれども東南アジア各地がつぎつぎに植民地となり、新しい支配者として西欧人が入り、農地や鉱山が開かれてくると人身売買の内容もかわってきた。植民地の本国政府は人身売買を禁止するが、禁止されたのは現地人どうしの人身売買であった。そして西欧人によるアジア人の労働力としての人身売買がはじまりだしたのである。蘭領東印度会社の奴隷制の廃止はそのかわりめだといえるだろう。そしてからゆきさんは、植民地開発の労働力として連れてこられたアジア人の、足どめの役として受けいれられた。

からゆきさんをアジアの西欧植民地やアメリカ大陸が必要としたのは、ここがはげしく開発されつつあったためである。たとえばシンガポールはイギリスとオランダがたたかったあげく英領となったのだが、そのころは海岸に骨がちらばっている、海賊の根拠地にすぎなかった。が、その先のジョホール水道がヨーロッパとアジアとの通路になり、人口二百の寒村はたちまち東南アジアでの要所になった。

マライ英領海峡植民地の成立。香港の英国割譲《かつじょう》。英領インド帝国の成立。仏領インドシナ連邦の成立。イギリスのビルマ併合。ボルネオの一部のイギリス保護領化。このどの地方にも西欧人が入ってきて生産がはじめられた。アジアのまずしいものたちが、ぞくぞくと流れこんだ。また強制的につれてこられた。アジア人は道路建設や建築や農業や鉱業につかわれた。各国の女たちがつれこまれたし、中国人の場合は女ばかりでなく、まずしい男たちがクーリーとして運ばれてきた。

これらの人びとのあつかいはひどいものであったから、ついに清国政府はシンガポールにクーリーの保護を目的として、華民保護局を設けた。一八八八（明治二十一）年のことである。しかし西欧人による清国人の売買はそれからもやむことがなかった。

明治三十五年十二月のある日、ドイツ汽船へレンリクマース号が門司港に碇泊《ていはく》した。ところがその船からひとりの清国人が海にとびこんで救助を求めてきたのである。

かれは下級船員だった。門司水上署で事情をのべたところによると、船にはあと十七人の清国人水夫がいるが、無給で使われてあちこち航海し上陸を許されず金も払ってくれない、要求すると打ちすえられ、食事も与えられず、負傷者まで出てしまった、なんとか脱出したいので、自分が代表となって海に飛びこんだ、という。そこで船に警官が乗りこんでしらべたが、はっきりしない。

ところがこんどは同船から投げ落された瓶を漁船がひろって届けでた。瓶には紙片がはいっていて、十七人は日本人の警官が来たときは、全員が打ちすえられたあげく、火夫の部屋に押しこめられ鍵をかけられていた、負傷者も手当てができない、密告のことが知れて以来いっそうひどい目にあっている、なんとか救ってほしい、とあった。海にとびこんで訴えでていた男も、重ねて警察で訴えた。そこで令状をとって同船をくまなくしらべて十七人を救い、門司市中に保護し、船長のウオルネキーを拘引《こういん》した。

ところがドイツ領事が二百円の保釈金を払って船長を出させ、清国人水夫との契約金は航海が終われば払うこと、契約中であるのにこのまま帰船しないならば払わぬばかりでなく、脱走者としてドイツ国法にしたがって処分すること、を主張した。

清国人水夫は金はいらないから再び乗船はしない、といい、日本滞在を希望した。けれども脱走者とみなすとのことばにおそれをなし、日本側からの説得もあって、こわごわ乗船し、シンガポールへむかった（明治三十五年十二月、福岡日日新聞）。

清国はアジアではまだ朝鮮に対する宗主国的な立場を保っており、その朝鮮の領有を虎視眈々《こしたんたん》とねらう日本とあらそっていた。けれどもそのいっぽうでは西欧植民地主義の暴威にさらされて、租借地をゆるしたり人びとをつれだされたりしていたのである。日本はかろうじて不平等条約をむすんで開国したが、やはりからゆきさんをはじめ、労働力をはこびだされていた。

ひとりひとりの村の娘や若者は、自分の未来を賭けるおもいでからゆきをする。そしてまずしいふるさとが、そのおかげでやっと、少しばかりうるおう。清国の娘や若者も同じ思いでくにをでたことだろう。

アジアのまずしい人びとはみな同じように国の外へ流れでていたのである。そしてアジア分割主義が渦まいている天地をさまよった。が、アジアのどのくににもその国民を保護するだけの力をもっていなかった。日本もその点ではまったく同様であった。

くにの外へでた人びとは、ことばもかよわず風習もちがうはじめての他国で、苦しみながら生きた。

慶応四（一八六八）年、ハワイへ当時三百人と伝えられた男女が渡った。関東の農民が多かった。女はいなかったという説もあり、三十歳代の男を中心にして九人の女と一人の子供がまじっていたとも伝えられた。この人びとは、自分がどこへ働きにゆくのかを知らなかった。唐天竺《からてんじく》の農村へ三カ年の年期奉公に行く、といっていた。

日本の村びとが他郷へ稼ぎにでるばあい、ほとんど季間奉公か年期奉公で、田の草さんとか田植えさんとか稲刈りさんとか、男衆おなご衆、とか呼んだ。奉公先では家族たちと食事も住まいもともにした。そして期日明けに契約金を受け、またつぎの期間の約束をして帰るのである。唐天竺の畑仕事にゆく人びとも、このように考えてでていったのだろう。

ところが渡ってみて驚いた。出国も無許可のままであったが、渡った先の唐天竺には住む家もなければ食べ物の用意もない。それらは自分でせよ、という。かいもく手がかりはなし、持ちあわせの金もなく、賃金は支払われず、病人や飢える者がでた。帰してくれといえば自分で帰れという。帰路の金も渡してくれない。作業は甘蔗《かんしょ》労役であった。いよいよゆきづまって、死を申しあわせたりしている。中外新聞がこれを知って報道し、やっと一部の人が帰国した。残った人びとは契約をあらたにし、石にかじりついてもがんばることにした。

これを皮切りに、海外の農夫や坑夫や人夫の募集に応ずる者がでた。といってもさかんになるのは二十年代にはいってからである。移民会社が人を集めて送りだし、上陸させて消えるケースがあらわれた。移民会社とは名ばかりの、大がかりの詐欺で、新聞には大誘拐団などと報道された。幾組もつかまっている。

明治二十七年になって、ようやく移民保護規則ができた。海外出稼ぎを政府は「移民」あるいは「労働移民」といった。保護規則を修正して、二十九年に移民保護法として公布した。これによって、からゆきは保護されることになった。逆にいえばそれまでまったく放っておかれたことになる。

この移民保護法でからゆきの職業の範囲がきめられた。すべて肉体労働で、女のしごとは炊事や看護などにかぎられ、娼妓としてかせぐことや、娼楼の海外営業はゆるされないことが、はっきりした。きめられた職業以外には旅券はだされないこととなった。

それでも海外の諸国がアジア人労働者をつかうときの条件も、送りだす国の「保護」もずさんで、からゆきはしばしば非道な目にあった。

福岡から沖縄までの人を集め、これに広島、和歌山の出身者など合計五百余人をのせてメキシコへ送った会社がある。メキシコの銅山の坑夫募集に対して、坑夫を送るといつわって農民を送ったもので、やはり銅山では農民は受けいれてくれず、武力で追い散らされた。移民会社の責任者が逃げて、おおぜいのからゆきたちがさわいだためである。このとき十人あまりがジャングルに追われて生死不明になっている。

やむなくメキシコ政府によって送りかえされることになり、やっと横浜に帰り着いた。ところが東洋移民会社と名のるこの会社は、からゆき一同が損害を要求する気配があるというので、外務省を動かし水上警察をとおして、上陸禁止の処置をとった。船中では食物も水も不足して病人も死者もでていた。

外務省および水上警察署の上陸禁止理由は、「神戸より出帆したれば神戸より上陸すべし」というものであった。そして錨《いかり》を抜かせた。船から八十人あまりの人びとが海へとびこんだ。船の近くに錨をおろしていた外国船がかれらに同情し、いっせいに救助艇をだした。ハンカチをふって激励した。この情況で出帆できなくなった船から人びとが上陸した。東洋移民会社から上陸した人びとに通告がきた。「神戸に上陸せしめんとするわが社の恩恵を無にしたるものなれば一切保護の責に任せず」と。出稼ぎの代表者的立場にあった者の一人は発狂した。そして死亡した。もう一人は船中で錨をぬくころ、病床で憤死していた（明治三十七年九月二日、福岡日日新聞）。

からゆきどんと、ふるさとは呼んできたけれど、女のからゆきも男のからゆきも、外務省とか警察とか海のむこうの雇傭者《こよう》とかに見すてられ、神も仏もないありさまで、頼るものは心中に湧きあがる不屈さだけであった。

海をわたる吉原

明治五（一八七二）年、横浜にペルーの帆船がはいった。マカオからペルーへむかう途中に船が破損して、修理のために寄ったのである。マリア・ルス号といった。この船に清国のクーリーが二百三十人あまり乗せられ、奴隷とかわらぬとりあつかいをうけていることが、ひとりの脱出者をきっかけとして表面化した。このことを英国代理公使から知らせられた日本政府は、日本水域における はじめての国際的な事件として、裁判にかけた。

クーリーの移民契約は文字のよめない人びとをあざむくものであった。この審問中にマリア・ルス号船長の弁護人は、この契約を奴隷売買とする日本の審議は違法である、なぜなら日本の法律も奴隷売買を禁じてはいない、といい、その証拠として、遊女奉公の契約書と英国医師ニュウトンがひらいた横浜梅毒病院の報告書をだしたのである。

遊女の契約を人身売買とみるようなことは、それまでの日本の社会にはなかったので、この指摘に日本の政府は狼狽《ろうばい》した。ヨーロッパのくにぐにでは、ほとんどが管理売春を禁じて、娼妓たちの自由売春だけを許可していた。

日本政府は、すぐに芸娼妓を解放し娼楼を廃止させるということで裁判をすすめた。それは対外的な体面を保つためであったのだが、マリア・ルス号事件はその結果、ともかくも清国人クーリーの契約解消、本国送還ということに落ちついた。

このいわばゆきがかり上の娼妓解放によって、江戸時代を通してつづいていた遊廓はすべて閉ざされ、ここに遊女制の伝統は終わったわけである。

同年に布告された解放令にはつぎのような条項があった。
一、人身ヲ売買致シ又ハ年期ヲ限リ其主人ノ存意ニ任セ虐使致シ候ハ人倫ニ背キ有マジキ事ニ付、古来制禁ノ処、年期奉公等種々名目ヲ以テ、奉公住為致《いたさせ》其実売買同様ノ所業ニ至リ以テノ外ノ事ニ付、自今可為厳禁事《いまよりげんきんとなすべきこと》。

一、娼妓芸妓等年期奉公人一切解放可致《いたすべく》右ニ付テノ貸借訴訟総《すべ》テ不取上《とりあげず》候事。

この法令が出されて、一時は娼妓たちはみな遊里をでた。たいへんな喜びようであったという。かの女らは村むらへかえっていった。が、やがて食べていけなくなって、とどのつまりはひそかに売春をする者がふえていった。

このときの解放令を世間では「牛馬きりほどきの令」といった。娼妓と娼楼との貸借関係について、つぎのような指示が一週間後につけくわえられたためである。

「娼妓芸妓ハ人身ノ権利ヲ失フモノニシテ牛馬ニ異ナラズ。人ヨリ牛馬ニ物ノ返済ヲ求ムル理ナシ、故ニ従来同上ノ娼妓芸妓エ貸ス所ノ金銭並ビニ売掛滞金等ハ一切償ルベカラズ」

娼妓の旧習は廃止した政府だが、遊廓をなくすつもりはもとよりなかった。ただちに西欧の公娼制を検討させ、娼妓解放令にふれない形での公娼制再開にふみきることになった。それは、女が、場所を貸座敷業者から借りて自由意志で売春するのを、地方長官が認可する、というもので、明治六年十二月に発表された貸座敷渡世規則と、娼妓規則にしたがって公娼が認可された。国はあずかりしらぬ形である。

法的には人身売買による娼妓も公娼制も日本にはないこととなった。が、これで明治五年の娼妓解放令はまったく生かされない解放令として、生きつづけることになったのである。

おもしろいことに、この明治六年の貸座敷渡世規則には前年の娼妓解放令を尊重せよ、とうたってある。同規則の第一に「壬申十月被仰出《おおせいだされ》候年季解放之御趣意弥《いよいよ》堅ク可相守事」とある。この規則はあくまで座敷を貸す者の営業規則であった。娼妓規則もまた、「娼妓渡世本人真意ヨリ出願之者ハ情実取糺シ候上差許《さしゆる》シ鑑札可相渡《あいわたすべし》」と、どこまでも自由意志による娼妓渡世であることを強調していた。ただ《ただ》し十五歳以下の者は娼妓になれなかった。そして自宅から出稼ぎするもよし、貸座敷に同居するもよく「各其自由ニ任スト雖モ《いえど》」娼妓として客をとる場所は、免許のある貸座敷屋の稼ぎ部屋以外はいっさい許されない、とあった。

この規則は明治三十三（一九〇〇）年までつづいた。この年娼妓取締規則と貸座敷営業取締規則が内務省から発令され、娼妓は、「警察官署ノ許可ヲ受クルニ非《あら》ザレバ外出スルコトヲ得ズ」となった。貸座敷業者の稼ぎ部屋を借りるのではなくて、同居を強いられることとなったのである。風呂にゆくのにも許可がいった。これは完全に公娼制の復活である。

わたしがここで公娼制をとりあげたのは、それがからゆきさん続出の背景の一端となっているからである。誘拐者の親分の多田亀の動きをみてもあきらかなように、以前から国内の遊廓と国外の娼楼とは強くむすびついていた。公娼制は国がみとめている売春の制度であったから、海外の娼楼に女をつれだすことをだれもとがめない。密航さえしなければ警察はそれを守りさえした。公娼制とはそのように売春のあり方を国がきめて、社会の制度のひとつとして管理することである。国がみとめた売春ぐらしを国のそとへも及ぼそうとする人びとの行為も、それが外交上の問題とならぬかぎりとがめられるはずもなかった。

しかし、問題はそこにとどまらない。前に述べたように、海外出稼ぎに関する「移民保護法」が定められていた。それには、売春業者ならびに娼妓の渡航はみとめられてなかった。にもかかわらず、その後も関係者はいくらも海のむこうにわたっていたのである。

この法律には、じつは抜け道があった。移民保護法は、朝鮮と清国の両国には適用しないと決められていたのだ。したがってこのふたつの国へは女郎屋のおやじが女をつれていくらも渡っていってよかった。またここをとおってほかの地方へと娘たちを移した。

　これは公娼制の輸出ではないのか。時あたかも、日本は朝鮮清国に侵略を始めている。移民保護法の抜け道の意味を、台湾の領有とその地の公娼制実施にいたる経緯があからさまに語ってくれる。

　日清戦争によって日本は台湾を植民地とした。それまで上海や香港へ送られていた娘たちはここへ上陸させられるようになった。

「台湾に於《お》ける公娼は果して設立さるるや否や」と新聞が書きだした。ここへ渡る娘たちは、周旋人から、総督府ではハンカチづくりや縫物のために日給五十銭のほか前借金百円を渡して募集中である、などときかされて渡るのだった。そして業者はここで娘に台湾人のような衣服を着せて、ひそかに売春をさせた。かれらはこのようにして公娼制が実施されるのを待った。

　台湾の公娼制実施について支配層がどのような意識をもっていたか。

「比志島少将が一昨日渡台の途次、馬関に於て、台湾公娼のことに関し或る人の問に答へて曰く。当時台湾に渡航するもの日一日と其数を増加すると共に、此等渡航人の実況を視《み》るに、商売人は勿論《もちろん》、官吏《かんり》に至る迄《まで》永久台湾に住する目的を以て渡航するものなく、大抵は一時の腰掛となし、聊《いささ》かの利益を得れば内地に帰るものゝ如し。

台湾をして速《すみや》かに内地同様の域に進めんとせば、夫《そ》の北海道に於けるが如く、内地人が全戸を挙げて移住せざるべからず。今日の渡航者が悉《ことごと》く腰掛的なるは種々の原因あるべけれども、台湾に内地婦女のあらざる如き、その一ならん。

内地の婦女にして続々渡航するに至らば、永久居住の人も生ずるならんが、今日の景気にては未《いま》だ内地婦女子の多数が渡航する如きことは望むを得ず。故に娼妓を設け、内地より婦女を輸入する如きは、内地人の足を止むる方便にして、台湾の進歩上必要のことならん。故に台湾に公娼を設け、密淫売を防ぎ、検梅の法を厳にし、梅毒の蔓延《まんえん》を防ぐは衛生上よりするも緊要のことなるべし」(明治二十九年四月二日、門司新報　傍点著者)

わたしは思う。「内地人の足を止むる方便」なればこそ、「海外醜業婦」を黙認しつづけ、朝鮮、清国に移民保護法を適用せず、新領土に公娼制を必要としたのだと。この意図のもとに、やがて台湾の女たちが日本の男によって、東南アジアへつれだされるようになる。

戦場の群れ

江戸のむかしから朝鮮釜山《ふざん》には、交易のためにやってくる日本人の居留地があり、それは倭館《わかん》とよばれた。港にはいつも大小の和船が数十艘《そう》入っていた。

倭館はまちはずれにあった。日本の維新後はこの日本人居留地に朝鮮人の女が近づくことを、朝鮮の国法は禁じた。日本人とまじわりをもつ女は、死刑とされた。この国法は日本人居留民にきわめて評判がわるかった。

朝鮮は明治九（一八七六）年に日本と江華島《こうかとう》条約を結んで不平等な開国を強いられたうえ、大飢饉《ききん》にみまわれて、くにはみだれていた。村には餓死者がでたが、政府はなすすべをしらなかった。飢えた人びとは日本人居留地に食を求めてきた。ここには日本人が朝鮮で買いつけた食料の倉庫が並んでいた。女たちはそれをもとめて夜になると人目をしのんでやってくるのである。

「ここに於て船人また居留の商人ども、是を憐《あわ》れみ、遂にまた是を愛し、衣食を与ふる者あるを以て、婦女子は容易に去らず。実に横浜のラシヤメン的と一般相似たる景況なり。先ごろこの売淫のことが韓吏の耳に入りて、東莱《とうらい》（地名）よりトンビ（捕縛吏のこと）来り婦人五名を捕縛したるよし。然《しか》れども此の厳法を犯して、夜間ひそかに来て食を乞《こ》ふ婦人今に絶えず。凶年の惨状その一斑《いっぱん》を見るべし」

　右は明治十年七月、釜山に渡った実業家・大倉喜八郎が東京日日新聞に寄せた書簡である（同紙、七月十二日）。飢えにくるしみ、ひもじさにたえかねて一椀《わん》のめぐみにすがりたくて、あるいは子どもらへ持ちかえりたくてやってくる。倭館内での朝鮮の女に対する日本人のいたぶりが目に浮かぶ。そしてその結果女がとらえられ、無残な処刑にあった。この日本人との交接禁止を犯した女に対する処刑について、明治十年八月と十月の郵便報知新聞がつぎのように報道した。

「朝鮮婦人の日本人と和姦《わかん》し、或は売淫するは該政府の厳しく禁ずるところなるが、此頃一婦人の其禁を犯せし者ありて、斬罪の刑に処せられし由」（八月十三日）

「朝鮮婦人が日本人と姦通する科にて斬刑に処せられしことは前号の紙上へ掲げしが、此頃其詳報を聞くに、一体朝鮮国にては内国婦人の他国人と通ずるを厳に禁じ、もし此国禁を犯せば本人は勿論、所轄の地方長官も罷職となる程の国禁なるが、打ち続く凶歳に韓婦の食を得るに術《すべ》なき者居留地に来り、食を乞ふ為に、窃《ひそか》に禁を犯して淫をひさぐ者あると聞しに、六月十五日三人の韓婦東莱吏員に縛され、七月二十二日その婦人等は右の科により、旧設門あたりの旧刑場に於て、斬罪の刑に処せられたり。
其刑場の様子は、東萊、釜山、水営の三役所より各長官出張し、刑案を宣告したる後、小さき白羽の箭《や》を耳孔に貫き、荒縄にて縛り上げし婦人を、刑場に仰臥《ぎょうが》せしめ、その頭下に木枕を置き、鉈《なた》様の刃物を咽喉《いんこう》に当て、上より槌《つち》にて打ち、首を切り落したりと。
この婦人が刑場へ引き出さるる時、蕭然《しょうぜん》として四辺を顧《かえり》みながら、つとに餓死すべき命を日本人の為めに四五十日生き延び、今日より始めて飢餓《きが》の苦を免るることを得る、と云ひ了《おわ》りて涙を流したりと」（十月二日）
日本でもたとえば島原では飢饉が続くと、どっとばかりに娘が売られた。島原よりも新潟など北国の身売りが人びとに知られている。維新後は神戸でも横浜でも「あやしき家三四棟普請《ふしん》成就いた」し、「四方に柵矢来《さくやらい》を設け牢屋敷のごとく」「夜鷹ひつぱりとおぼしき醜婦のみあつまり、そのかず凡《およそ》百人ばかり、見る目もおそろしきほどの顔色居並び候。右揚代金、一夜日本人は金一分、西洋人は二分とさだまり、水夫火《ひ》焚黒奴《たきくろんぼ》、支那《ナンキン》人、或は日本の日雇人夫など、立替り入れかはり夜ごと夜ごとにぎはひ候」（明治元年、横浜新報もしほ草）という状態であった。かの女たちは外人とみれば寄って声をかけた。「『コンバンハ、アナタスケベーヨロシイ、ワタクシ、アナタハウス、マロマロ、アナタ、ネロネロヨロシイ』。異国ベランメー氏曰《いわ》く。此等の女子誠に憎むべきに似たりと雖も、其情実に憐れむべし。其全く正味の憎むべき所は、此女子の身に浴せ懸《かく》るべからずして、其国の習風と、現在の政堂上に負はせて的当なりとす」（明治七年九月四日、東京日日新聞）

身売りというのは口べらしであり、借金であった。飢えて、食べものを異邦人に求めていたぶられ、刑場に消える朝鮮の女たち。飢えて、養女に出されて美服をまとい、苦界に死にゆく日本の娘たち。どちらもこのような現実のなかで、くには諸外国と交流しはじめたのである。

朝鮮は儒教の国。男女とも、どの階層も人前で肌をあらわすことがなかった。反対に日本では裸体での外出や混浴の禁止が維新のあとくりかえし出されたが、容易に改まらぬほど、肌ぬぎはごくふつうのことであった。

こうした風習のちがいは互いにそれぞれの習慣をわらいあっていて、大倉書簡にも朝鮮人は「乞食でさへ衣服をつけてゐる」とか、「わが商人どもが裾を端折《はしょ》り、両脚を出して歩行し、猥《みだ》りに人に肌を見せることを韓人ども大いに嘲笑し」などとある。このつつしみ深い朝鮮では、二夫にまみえずの倫理が徹底していた。一夫多妻は日本と同じであったが、いやしくも女たるもの、飢えるとも操を売るべきではなかった。寡婦《かふ》は嫁がれず、嫁は十代で十歳に満たぬ夫のもとに嫁《か》して夫を育てることが多かった。夫を背に負うて育てた女たちもいくらもいた。夫が長じて貯《たくわ》えた妾《めかけ》は、同じ邸内に同居していた。

朝鮮の男性にとって、強いられた開国によって礼節とそのわぬ野蛮な和人が入りこみ、越中ひとつでうろつくさまは、さぞ堪えきれぬものがあったろう。また、さような非文明なものたちに、みだりに女が近づくことはわが身がけがれる思いであったにちがいない。汚れた女に矢を刺そうと切り刻もうとゆるせぬ思いをぶちまけているのである。

大倉喜八郎は朝鮮釜山の日本人居留地のくらしを「酒もあり、魚類もあり、気候もさほど悪しからず。併《しか》し友達はなし、新聞はなし、モー一ツモなし。誠に不自由言はんかたなし」と嘆いた。この嘆きは朝鮮へ往来する和船の乗組員とて同じことであったろう。また漁に出て朝鮮で水揚げする漁師たちも。

九州で御一新が民間のくらしの上に影響しはじめたのは「西郷どんのさつま戦争」のあとである。さつま戦争のときには九州山口の博徒《ばくと》や侠客《きょうかく》が、さつま軍や官軍の人夫として、大勢従軍した。これはいい金になった。戦争が終わってからは、武士あがりの大陸浪人も海外へでたが、仕事がなくなった博徒たちも勝負をもとめて玄界灘《げんかいなだ》を越えた。対馬《つしま》や壱岐《いき》や五島などの島びとも、十年前後から渡韓している。手漕《こ》ぎの舟で渡るものもあった。対馬からは八、九時間で行けたので、気軽であった。釜山取引所の設置に活躍した人には壱岐をはじめ島出身者がみられる。

こうした人びとの中に娼楼をひらいて当てた者がいたにちがいない。大倉書簡の三年後の明治十三年には吉原の遊廓からも朝鮮に渡る者がいた。次の記事でみると、それより早く中米楼というのが渡っていたようすである。

「先年朝鮮へ貸座敷を開いて当てたと云ふ中米楼の二のまひを踏み、吉原のおでん猫は、又同地へ貸座敷を始めるとて、明十二日出帆の貫効丸へ、夫小幡松之助と共に乗こむと云ふ」（明治十三年五月十一日、有喜世《うきよ》新聞）

そしてこの当時になると、朝鮮の諸港に日本人海賊が横行し、また居留日本人と朝鮮人の大乱闘があったり、殺傷事件が起こったり「実に我が居留民が毎度粗暴の挙動をなすは歎息《たんそく》の至り」（明治十四年九月七日、朝野新聞）というありさまになったのである。

こうなってからは渡韓しさえすれば何か目ぼしいこともあろうと、無計画無資本で渡る者があとを絶たず、女たちも同じくふえて、新聞はしばしばその無謀な渡韓をいましめた。ことに娘たちにそうした渡海がひきおこす結果についてしらせようとした。

　この朝鮮半島に欧米諸国の侵入は年とともにひどくなった。そして日本も、おくればせながらその仲間いりをはじめた。日清戦争、日露戦争をおこしたのである。

　わたしはこの戦争がからゆきさんに影響をおよぼしているように思えた。ことに二度目の戦争が気にかかった。福岡の新聞を繰《く》って戦争前後の密航のようすに注意した。

　明治三十七（一九〇四）年二月十日に日本は対ロシア宣戦布告をして、朝鮮半島に兵を上げて北上していった。その開戦の二年まえ、三十五年の門司港からの密航は、英国船で香港へ、というのが圧倒的に多かった。ほかにはシンガポール、ウラジオなどへむけて連れだされていた。三十六年もあまりかわりはなかった。アメリカやベルギーなどへ流転する娘もいたりした。

　そして三十七年。ぱったりと密航はとまった。からゆきさんの出稼ぎは、密航のみちを閉ざされてどうなっていったのか……、紙面は戦争の記事にうもれていた。

港という港は軍事態勢にはいって、さすがの密航業者もうごきがとれないようだった。そして正規のルートによる娼妓たちの出稼ぎがふえ、「芸娼妓の渡韓はやうやく流行となりたるが如し」と報道された。この年の密航は香港もシンガポールもウラジオもなく、わずかに二件、朝鮮へむけたものがみつけられたきりである。

　ところが翌三十八年となると、朝鮮半島から奉天付近へかけて占領地がひろがって、からゆきさんの誘拐密航がどっとはじまった。だれもかれも占領地をめざして、ひそかにくにを出たのである。紙面には「韓国へ密航」という文字がふえてわたしの目を射た。ほかに営口、大連、北清の各地の名がみえた。営利にめざとい業者は占領地へなだれるように少女たちを送ったのである。

　そして戦後の三十九年から四十年、四十一年へと、門司港で発見される少女たちの密航先は多様になっていった。少女たちをひそかに上陸させる港を、日本人が開拓したようすが、あざやかに感じられた。密航先は大連、旅順、芝罘などをはじめとして、清国領土がふえた。わたしにいくども戦慄《せんりつ》がはしった。

　男のあそびのために買われる女たちだが、それでもかの女らの媚態によってわが身を居直らせることもできる。その媚態すら、朝鮮人や清国人には憎悪のまととなる侵略地、そこへむけて素肌の子らがいくらも送られるのである。

わたしは、あるからゆきさんが「日本の男より西洋人の男のほうがよっぽどおなごにやさしかばい、わたしらがすかんということは、むりにゃせんもん」といったことばにひそんでいた、かの女のささやかな開眼を思いだす。またそのように女あしらいにゆとりのある西欧人よりも、もっと気がねなく接したといったマレイ人やキリン人など、アジアの人びとのことを思いうかべる。「かえれ、といったら、すぐかえりよったばい。やさしかもん」というときにふとにおった、ある平等な感性さえその性の売買から失われる……。侵略地では。

朝鮮は明治三十（一八九七）年に国号を韓国と改めていた。日本の侵略がふかまるにつれて排日意識が高まり、各地で農民の日本人排斥がつづいた。その韓国で、京城在留邦人の数人が資金を持ち寄り、遊廓の許可をうけた。かれらは釜山、仁川、京城に遊里をひらいた。これまでも娼楼はあったが、このたびの企画は日本人居留地の一隅を遊廓としたもので、公娼制の開始であった（明治三十七年十月五日、福岡日日新聞）。

第二次日韓協約が締結されたのは日露戦争後の三十八年十一月である。日本の統監府が京城に設けられたのはそののちである。とすればこの公娼制は統監府の設立前である。領事館の許可によるものかもしれない。遊廓の認可を受けて、「居留地の一隅を区画し、名義は芸妓として内地よりぞくぞくと娼妓またはその類の女を輸入し、公娼を営ませ、検梅等も実行し」た。

「その第一回の募集者三木某なる者博多に来り、寄り寄り勧誘の結果」、柳町から三福亭の娼妓北洲をはじめとして六、七人をつのって渡韓し、さらに第二回の募集に帰国した。また下関の花街からも長保楼のお米、重松内の仙吉、利久屋の権助が同志を勧誘、それぞれ廃業届をだして海をわたる。また、娼妓だけでなく、旅館の給仕女が誘いだされたり、村娘が誘われたりした。当時の京城のようすはつぎのようであった。

戦争終結のあと日本軍隊が京城に集まり、仁川から船で帰国したこともあって両市に公娼私娼の家いえが軒をならべた。京城の遊廓は双林洞新町にあって、戦後二年目には十一軒の娼楼に娼妓百五、六十人となった。私娼窟は飲食店、小料理屋をかねたもので、女たちは「内地で流行した渡韓熱にうかされたあげく、うつかり渡韓し」「身から出た因果とは云ひながら」「お定まりの怪しげな酌婦《しやくふ》奉公と云ふ筋」をふんだ者たちだった。「邦人の下流労働者も来れば支那人も朝鮮人も」大入りの三百余軒で、「怪しげな化粧のものの数と云つたら実に一千四百余名、全本邦居留民の約十三、四分の一を占むる」。

清韓人相手の店と日本人を客とする店とにわかれていた。前者は南大門内外から新王城付近に最も多く、その数三十余軒。日本人相手の店は旭町から本町九丁目にかけてであった。「人を泣かしむるに足るべき悲劇中の少女もあるとやら。かくの如く淫靡《いんび》の大魔界を」「統監のお膝元《ひざもと》に築かれてをるのに、なぜ警官はうつかりして居るだらうと怪しむ人もあるが、かのにくむべき此の世ながらの生地獄主魔窟楼主らは、巧みに魔力をその方面にまでふるつて居るのださうだ」（明治四十年六月二十六日、「京城の暗黒面」福岡日日新聞）

日露戦前は三千人あまりであった京城の日本人は戦後二万に達し、居留地はせまくなった。韓国政府は南大門からじりじりと居留地外へあふれだす日本人の始末に困り、思いきって城壁をとりはらった。日本側の要求に屈したのであろう。そして道路を改装し、また市区を整理した。

渡韓する男たちには鉄道工夫、大工、木挽《こび》き、左官、石工などがおおく、戦争中の春は「京釜鉄道の開通したると春暖に向ひたる等のため」渡韓者がまし、「当地の旅舎は此等渡韓者を以てあふるるばかり」とのこと。これらの渡航者のおおくは「多少にせよ資本を携帯し来るものは至つてまれにして、一定の目的もなき赤手空拳《せきしゅくうけん》の徒、その大多数を占め」、おもうように仕事もなくて、朝鮮人をあざむく犯罪行為にはしるものも目だった。

女たちの誘拐は、韓国まで漁船でも渡れる距離にある山口、福岡両県からがやはり多い。

「遠賀《おんが》郡戸畑町住の作助(三十六)は昨冬以来韓国に赴き、同地の事情を探り此のほど帰国するや、奉公口を詮索中の大分県東国東《ひがしくにさき》郡大内村お唯(十七)および京都《みやこ》郡小波瀬村初江(二十一)に対し、目下韓国は戦争後にてよき金儲《もう》けもあれば、内地でぐづぐづせるより渡航したがまし」といって連れだしたが、このような手口が一般につかわれた。

釜山の居留民は一万をこえた。戸数は二千あまり、日本人居留地倭館はまるで日本内地さながらとなった。ここは生活費がたかかったので、渡韓者は釜山の北方にある都市大邱《たいきゆう》にあつまった。一年のあいだに日本人は千数百人もふえて、やがて二千人をこえる日本人がたむろした。鉄道工夫と娼婦がおおかった。

このころは日本内地は戦後の不況にみまわれていた。幾度か飢饉もあった。農村から都市へ流れでる人もおおく、仕事を求めて渡韓する者もあとをたたないのだった。また貧農を数百人ずつ植民させる県もあった。このころの韓国での日当は、大工が一円五十銭、左官一円五十銭、石工一円八十銭、手伝人一円、車夫一円四十銭。

女たちは下働きが月に七、八円から十円で、これは高級職とみられていた。

　この賃金は日本より格段に高かったが、なかには工事現場の事故で死傷する者がいた。女も例外ではなかった。また韓国の失業者たちとのあらそいが絶えず、たがいに死傷者をだした。京城には日本人の無職者が五百余人安宿にいて、さまざまな問題をおこしては内地の新聞に報ぜられた。

　それでも韓国は日本人の夢をかきたてた。韓国実業視察報告などが新聞をにぎわした。韓国の土地所有権の不備が伝えられた。地代は日本の十分の一にもならぬ、と知らされた。「本邦に於いて小地主たらんより韓国の大地主となり大陸的新日本の経営」をせよ、などとそそのかすものもあった。韓国は日本人すべての日に無人の原とうつっていた。土地の売り渡し証文《しょうもん》の書き方、というよりそのだまし方が例をあげて報じられもした。清国人商人との市場あらそいの激化が告げられた。京城にいる成功者の名があげられ、たれでも高利貸しで一家を成すことができると教えられた。まことに潮のような日本人民衆の渡韓であった。

　これに対する韓国人の反日抗日の激しさは、日本の一揆《いっき》の比ではない。それは農民軍とよぶのがふさわしい全村あげて組織されたものである。各地に蜂起《ほうき》し、武器のない農民は農具で打ちこわしをした。指導者は処刑され同調者は処罰されたが止《や》むことがない。日本人があちこちで襲われた。建物がこわされた。軍隊、憲兵隊、警察が集団による攻撃をうけた。檄文《げきぶん》がばらまかれた。儒生《じゅせい》といって、武官の少ない韓国の文民たちが人びとの中心となっていた。檄文はつぎのようなものだった。

一、日本人を駆逐《くちく》すること。

一、日本人を斬った者は賞すること。

一、日本人のわがくに経営を根本的に破壊すること。

一、義徒について日本官憲に密告した者は、その一家をあげて殺害し、家を焼払うこと。

一、軍資調達のため日本人商店および韓人豪家を掠奪《りゃくだつ》すること。

（明治四十一年二月六日、福岡日日新聞より）

農民の蜂起は息づまるばかりにつづいた。この半島を遊廓は北上していった。鴨《おう》緑江《りょっこう》の川口の、清国と大河をへだててむかい合う新義州に遊廓が許可されたのは明治三十九年だった。そして四十三年八月二十二日、日韓併合成るとその直後から関釜連絡船は、からゆきならぬ娼妓で満ちた。

「八月三十日ごろより、にはかに荷客が激増し、毎連絡船は積み残す乗客少なからず。それらは併合の発表とともに逸早《いちはや》く濡《ぬ》れ手《て》に粟の大儲けをなさんとする手合ひなるが、特に人目をひくは、年若き婦人の多きことにて、彼らはわづかに二三十円の金のために父兄の承諾書をもち、朝鮮に渡りしうへは酌婦たるのみならず、いかなることも抱主の指揮に任ずるといへる証書を持参せり」（明治四十三年九月六日、福岡日日新聞）

おキミとおなじ娘たちの渡海であった。

慟哭の土

おキミと朝鮮鉄道

葉が落ちて裸木の季節がくると、わたしの心は波立つ。梢《こずえ》の先ざきへ樹液がのぼるのが感じられる。凛然《りんぜん》としたいのちがつたわってくるようで、わたしは毎年この季節によみがえる。

ある朝、近くの木立ちに小鳥が群れをなしてとまった。大きな裸の樹にあふれるように群れて木の実をよく食べた。よく鳴きかわした。シュルルル、チリチリチリ、チリチリ。梢も鳥たちも朝の空に黒い影絵となってひろがり、わたしを興奮させた。鳥の頭の後にピンと立った毛がみえた。連雀《れんじゃく》である。連雀の飛来《ひらい》である。おキミが玄界灘《げんかいなだ》を越えたときにみた鳥である。それは冬のことだったのだ。冬の玄界を渡ってくる鳥。シベリアで育つ連雀。バイカルの岸で生まれた連雀。ひとしきり鳴きかわすと、いっせいに飛びたち、屋根屋根をかすめるようにして、また木立ちにとまり、さわいだ。つぎの朝もいた。昼も。昼の光にちいさな目がみえた。鳥たちはここで冬を越そうとしていた。しぐれまじりの風の日が多くなっていった。

そしてわたしの気づかぬうちにいなくなった。梢が萌《も》えそめていた。

綾さんから電話があり、おキミが精神科の病院に入ったことを知らされた。

おキミは李慶春の養女として咸鏡北道《かんきょうほくどう》出身の李の戸籍に入っていたが、綾さんを養女に迎えたとき、日本内地の戸籍にかえった。かえったといっても、その生まれた里の親たちのもとへ戻ったわけではない。八方奔走して某氏名義の戸籍に入籍したのである。

綾さんはおキミが世話をしていた娼楼《しょうろう》にいた娼妓《しょうぎ》の子である。おキミを身うけした男は、おキミのあとつぎつぎに女たちを引きぬいては娼家をひらかせた。おキミを第二夫人とし、第七夫人までかかえた。綾さんの実の母はその男の第七夫人で、七人の女たちの中でただひとり子を産むことをゆるされた人であった。綾さんは生まれると朝鮮人の農民に預けられた。ミョンイル兄さんがいた。かわいがってくれた。

綾さんの実母は綾さんが三つのとき、朝鮮と清国の国境の町で亡くなった。

「あたしのようなもんの子に生まれて、この子、お嫁にいけるやろうか……」

おキミにそうつぶやいたという。

綾さんがミョンイル兄さんの家から小学校に通い、時どき娼楼に使いに来ていたあいだ、おキミは親切でも不親切でもなかった。そして六年生になり、卒業が間近になったころ、綾さんを呼んだ。綾さんは反抗期に入っていた。男のことも女のこともとうに知っていた。その綾さんを坐《すわ》らせておキミはつぎのようにいった。

「おまえのような不良少女のめんどうをみてやるのはわたししかいないよ。どうするかい、わたしの養女になって親を養うなら、女学校にいかせてやる。いやなら、すぐいんばいになれ。いんばいになるかい。それとも、女学校へいって親を養うかい」

わたしは綾さんからその話をきき、心にめまいを覚えた。

「男と女とはからだで話すものだと思っていたのよ。そのほかのこと、頭では知っていたけど、よくわからなかった。ほんとに不良少女だったわ。それでもあたし、女学校へ行きたかったのよ。おかしいわね」

そしてかの女はいいそえた。

「いんばいっていうのは特別なことではないわね。ふつうの家庭の夫婦の間にだって、淫を売るってことはいくらもあるわね。いつかあなた、そんなことといったでしょ」

いんばいということばは、このようにかの女たちのあいだで使われていた。綾さんはそんなふんいきのなかで、多感な少女時代を送っていたのである。

こうして綾さんはおキミの養女となり、女学校に通うようになった。が、その綾さんと同じ年ごろのとき、おキミは李慶春の養女として玄界灘をわたったのである。

おキミは娼楼でつとめつつ自分がはたちになる姿を想像することができなかったという。だれもかれも少女らははたちになる前に息を引きとっていたからである。

娼楼とは、山を切りくずして鉄道を敷設《ふせつ》する工事の先ざきに設けられた山小屋であった。

おキミが到着したころは朝鮮を縦断する京釜線、京義線は敷設されていた。おキミは国境ちかくへつれていかれ、そこからさらに山のなかへと運ばれた。娼妓たちの小屋は、工事現場のかたわら、切りくずされた山や谷川を眼下に見下ろす崖《がけ》や、ダムのちかくに建っていた。

おキミたちの大半がはたちにならぬまま息を引きとったのは、その娼楼での買われ方にあった。そして、その背後には鉄道敷設に反対する朝鮮人のはげしい抵抗があった。

朝鮮は独立をうばわれ、他国によって勝手きままにそのすべてをふみにじられつつあった。

鉄道敷設は、いわば、その象徴だった。それは朝鮮人のために敷設されるのではない。植民たちがわたってくるためのものであった。他国の軍隊が入りこみ、全面支配をするためのものだった。

朝鮮における鉄道敷設は、一九〇一（明治三十四）年、李氏《りし》朝鮮の政府によって始められた。この年、朝鮮政府は京釜鉄道株式会社を設立した。その会社の取締役に日本人大三輪長兵衛が就任した。博多の大商人で、朝鮮鉄道院の創立当初から監督として朝鮮宮内府に入っていた人物であった。

　やがて朝鮮鉄道の敷設権はじりじりと日本人の手に握られるようになっていった。そして日露戦争の直前からおおぜいの朝鮮人がその工事に使われだしたのである。日本人工夫もたくさんまじっていた。

　李慶春もあるいは合併の前からその工事に縁があったのかもしれない。なにしろ朝鮮をつっきって清国領土へ軍隊をはこぶための鉄道の敷設だったから、広大な土地と、おおぜいの人手を要した。その土地は片はしから日本人の私物になった。むりやり工夫狩りに引きだされる人びとがいた。日本人の土地成金のことと、すすんで工夫を引きうける朝鮮の一進会のこととが日本の新聞にたびたび報道された。

　朝鮮鉄道請負業として著名な阿川組の、その下請けの筆頭は、ある島の出身者だった。

　李慶春はここに働く工夫たちを相手に娼楼をいとなんでいた。というよりも、日本人の出資者がいて、かれはその下で楼主とやりて婆《ばば》あをかねあわせたような立場にいたのであろう。工事と密接にかかわりつつ、娼楼を工事場のすすむさきざきに移していった。

　工事場の飯場のちかくにおキミたちの温床《オンドル》小屋があった。温床とは、煉瓦《れんが》をつんで床をつくり、その床のひとすみから火を焚《た》くと、煙が床下をめぐって床面がくまなくぬくもり、やがて室内もあたたまる、朝鮮の暖房式建築である。夏は反対に通風がよく、ひんやりと床が冷える。

その温床小屋が、日本人の工夫を相手にするへやと、朝鮮人工夫を客とするへやと、そして梅毒で商売ができなくなったものの入るへやの三つに区切られて建っていた。どのへやにも日本人の少女が入っていた。おキミは朝鮮人工夫を客とするへやにいれられた。どのへやにも二十歳になったものはいなかった。流行病と梅毒の昂《こう》じた娘のほかは、商売を休むことは許されなかった。おキミも、はたちという年齢をはるかな老年として感じとる日々に入っていったのである。

朝鮮人工夫は日本人の監督に指図されていた。日本人工夫は背中いちめんに刺青をしている者が多く、粗暴であった。

おキミは朝鮮人が性欲を満たすためにこの娼楼にあがりこむことには堪え得た。けれども朝鮮人にはそうではない者もいた。かれらは四、五人でおキミを朝まで買いきって、酒をのませた。とりかこんで座をたたせなかった。買った以上はその意のままにさせた。

かれらは家や土地を売り、山を越えて日本人の女を買いにくるのである。性欲をみたすためではない。もっと根ぶかい渇きをもって、おキミたちを苦しめた。そこには日本人への憎悪がむきだしだった。

おキミが老いて寝こんでからも、なお身をふるわせて、おもわず朝鮮語でののしりだすのは、尿意をもよおすときであった。おキミは尿意をもよおして人の手を借りねばならなくなる。そのようなとき、狂ったようになった。朝鮮語で叫びだす。綾さんはこらえようもなく泣いた。

「おかあさん、あたししかいないわ」と、抱きおこしても、からだをがくがくさせてこらえていた。朝鮮人に買われて、その座で堪えさせられていたときさながらに……。

おキミは養女に抱かれながら、ならんでいっしょに排尿せよと狂う。

「あたしはなんにもいえなくなる。抱いていっしょにおしっこしながら、あたしは二人で泣いてしまう。やっとキミはあたしを許すのよ、泣きあっているときだけは。キミはあたしの主人にも子どもにも決してあの顔をみせないけど」

綾さんがそういった。

「キミは十六歳で朝鮮人の客をとっていて、何がつらいといっても、四、五人の客のなかで堪えきれずにおしっこを洩《も》らすのを、笑って眺められることだったのね。

朝鮮人が日本人の女を買うために家を売ってやってくる。洩らしてしまうまで買いつづけて立たせてくれないのよ。あたしは朝鮮人に育ててもらったし、とってもやさしくて、好きな人たちだから朝鮮人を非難するようなこと、言いたくない。これはね、日本人がそう追いこませたのだとしか言いようがないわ」

綾さんはおキミの狂気に堪えきれなくなると、いくどかわたしを呼び出して泣いた。おキミが初老のころからである。

「もう、あたし、だめ。あの人負いきれない。やっぱりもう棄《す》てる。どこか養老院さがして。あの人のことが主人のきょうだいに知れたら、あたし、あそこからきっと追いだされる……」

などと泣いた。

まだわたしもかの女も若かったころは、わたしは、綾さんに家出をすすめたりした。しかし、かの女は泣きながらけっきょく家へ帰っていった。

綾さんはミョンイル兄さんと一緒に育ったが、わたしは日本人ばかりが住んでいる町で育った引揚者だった。

「あなたをあたし、橋の上の人だと思っていたのよ。あたしが子どものころ、朝鮮人の子と川の中で遊んでいたら、橋の上をよく日本人の子どもが通った。母親に手を引かれて。あたし、孤児同然だったし、朝鮮人にかわいがられてやっと三度のごはん食べていたし、おかあさんの味ってどんなものかしらと想像していたわ、橋の上をみながら」

それでもなぜか綾さんはわたしを友達にしつづけた。

おキミは工夫相手の山のなかの娼楼で、数人の朝鮮人に買われた夜は、性をひさぐにとどまらず、胸のおくにしまっていた最後の誇りまでも買いとられていた。おキミは、二十歳がやってくる前に自分は死んでいるのだ、早く死にたい、と思った。

綾さんの耳のうらにはおキミの声がはりついている。

「いんばいになるか、死をえらぶか、といわれたら、死ぬんだった。うちは知らんだったとよ、売られるということが、どげなことか……」

少女たちが死ぬと李慶春はその補充に内地へ行った。二十九人の少女が一度に死んだことがあった。李慶春はあわてて内地へ行き、すぐに補充した。おキミは山口県に誘拐者の巣があることに気づいた。門司にもなにかがあったようだ、と綾さんに話した。

綾さんは、

「そんなくらしなのに、それでも女って、馬鹿なのかたくましいのか、おキミだって、いんばいがなんがわるい、なんてケラケラしてることもあったのよ。なにしろ荒くればっかりでしょ、それに伍《ご》していかなきゃつぶれてしまう。それに子どもですものね、十五、六なんだから。工事場に行って遊んだりしてたそうよ」

といい、鴨緑江《おうりよつこう》沿岸工事にしたがっていた大正三（一九一四）年ごろのおキミたちをしのんだりした。

堪えがたいくらしのなかでもみな闊達《かつたつ》で、わけても天草女は実に明朗に男たちのなかに立ちまじったという。

ある夏の日、工事関係者が、はるかむこう岸の清国領まで鴨緑江を泳ぎわたる競争をした。豊かな水が流れている。男たちが飛びこんだ。女たちも飛びこんだ。女たちは下半身を腰巻でくるんだ。腰巻の裾を前まで引いて上下を紐《ひも》で結びあわせていた。朝鮮人が近くの村からおおぜい集まって応援した。むこう岸まで泳ぎわたった女は、みな天草女であった。おキミは、ほかからきた人たちは途中でみんな泳ぎをやめた、と誇らしく話す。

そのように天草の女たちは快活でむこうみずに行動する気質を持ちあっていたので、小屋はしめっぽくはなかった。が、そのおそれず、うらまず、情にあつい少女たちのなかに、時折、凍死するものがでた。天草女が一番多かった。零下三十度にもなる厳冬の戸外へでて、好きな男に逢《あ》いに行くのである。そして和服の裾も衿《えり》も凍らせて、路傍《ろぼう》に死んだ。

　おキミは二年あまりたって少女たちの「ねえさん」にさせられた。新しく入って来た子のめんどうをみさせられるのである。なによりも気をつかったのは、少女たちの妊娠であった。これは李慶春からきびしく止められていた。

　おキミは三十人をこえる少女たちの生理を毎朝たずねて、順調であるかどうか聞いた。避妊は洗滌《せんじょう》によった。クレゾール液を大きな桶《おけ》にいれておいて、ゴム管をさげてつかった。新入りの子には、つききりで教えねばならなかった。冬は温床のなかでも凍りやすかったので、そんな夜は海綿をつかった。一回ごとに、とりだして捨てた。

　生理がとまった子は、いちはつや、つわぶきの根をすりおろして、ガーゼを一寸角に切ったものに包み、子宮口にあててやった。一日中そのままにしておく。そして月経不順用の漢方薬ものませた。

　生理をみるまでは商売ができないので病人小屋にいれられる。少女たちはそれをおそれていた。薬は毎日とりかえてやる。子宮口はなかなか開かないので、つわぶきのくきをさしこむこともあった。こうして一週間ほどするとガーゼの表に血がにじんでくるという。少女もおキミもほっと安堵《あんど》した。血がにじんでくればしめたもの、とおキミはいう。あとは月のものが始まった。始まれば海綿をつめて商売にだした。これら漢方薬は売薬行商の男たちが運んできた。

むかし中国の宮刑は死刑につぐ重刑だった。宮刑を受けた宦官《かんがん》がその断種によって、どのようにゆがんだ性情を史上に及ぼしたかをわたしたちはみてきている。おキミたちの子おろしは女のもっとも残酷な断種の刑だと、わたしはからゆきさんの心を握りしめる。

小屋についたばかりの子で、まだ十三歳十四歳という子は、洗滌ばかりでなく、酒の飲み方や寝床のことまで手をとって教えねばならなかった。まだ生理のはじまらぬ少女もいた。おキミは泣きじゃくる子を自分の体の上に男のかわりにのせて、なだめすかしつつ夜ごとの労働を教えた。ときに、ともに泣きだした。少女たちには限界を越える労働であった。

おキミは十九歳で身うけされて娼楼をいとなませられた。それからは少女たちの梅毒は初期なら診《み》れば手当ができるほどになっていった。ならざるをえなかった。娼楼には鉗子《かんし》や子宮鏡がそなえられていた。おかみさんとなったおキミの日課は、毎日少女たちの生理をたずねて不調となっていないかどうかをはやく知ること、毎日梅毒がうつされていないかどうかを診てやることではじまった。膣《ちつ》や子宮口がただれている子には、ヨードホルムをつけてやり、煎じぐすりをのませた。

福岡の新聞には人骨が梅毒にいいというので、朝鮮で墓をあばいて骨を日本に運んでひそかに売っていた男のことがでていた。二百数十体運んでいた。性病といい避妊といい、それらの荷が地球の影より濃く、女たちにかぶさっていたことへの、幼いいきどおりがわたしの記憶の奥に沈んでいる。それは文字が読めるようになったころの、いちばんふかい記憶である。

おキミは綾さんを養女にし、かの女が長じて愛を知り、結ばれてしあわせな家庭をもってからは、その家庭のやさしい母であり祖母であった。が、家族たちがではらって二人きりになると、形相をかえてしまう。

「おまえはうちを裏切った！」

とさけぶ。

「このいんばいおなご！　嫁いったとおもって恩を忘れたか。ひとりの男も百人の男もおなじこつ。うちはおまえの腹んなかを、ようしっとるよ。おまえのいんばいをようしっとるよ。おまえが奥さんづらしたって、おまえがいんばいちゅうことを、ちゃんとしっとるよ」

綾さんはそのうち、こらえきれずに泣いてしまう。だれを責めようもないつらさに、涙をながす。綾さんが泣き、おキミのかなしみにふれたとおもわれたころ、ようようおキミはしずまった。

綾さんはたびたびわたしにいった。

「あなた、売られた女とは一代のことではないわ」と。「キミはわたしを自分のなかまだと信じつづけるために、わたしを養ったのね」とも。「身を売るとは被害だとよくいうけど、そうじゃないわ。身を売るってことはいちばんふかい罪なの。罪悪なのよ」とも。「いのちにかえても、すべきことではない……」

綾さんは工夫飯場の娼楼で生まれて、朝鮮人の家庭で育てられたが、第七夫人までもっていた父親は、鉄道敷設請負業者のなかでも著名な人だった。その郷里《きょうり》に宏壮な邸を建てた。

その日本人M氏は、まずしい農家の長男であった。明治三十五（一九〇二）年、日清戦争のあと憂国の志士などが朝鮮やシベリアへわたるころ、かれも玄界灘をわたった。

スコップ一本と炒大豆一袋と渡航証明だけをもって。知人もいない天地。石にかじりついても身をたてる決意が胸にあった。二十四歳のときである。

朝鮮の快晴の日は、身をきるように寒く、スコップは役に立たない。が、それを抱えたまま朝鮮人に雇われた。朝鮮の支配階級・両班《ヤンパン》から、魚釣りのために川の氷を切り抜く仕事をさせられた。一度切り抜けば、その賃金で二日食べられた。

M青年は朝鮮でくらすには朝鮮語を自由に使えねば、と思い、朝鮮語を覚えることにした。ひとつことばを覚えたら大豆をひとつぶ食べることに決めた。てのひら一杯の大豆が食べたければ、夜おそくまで起きて覚えねばならない。が、こうして未知の大地で、ことばを習い、それが上達して通訳となって氷切りの仕事から足を洗うことができた。日露戦争が始まると通訳が役立った。

こうして鉄道工事にかかわりはじめて、やがて朝鮮人を数百人つかう工事請負業者となった。明治三十七（一九〇四）年に日露開戦とともに軍用鉄道監部が編成されて、翌年一月京釜線が開通、四月に京義線が開通、十月に馬山浦線開通である。朝鮮人工夫が動員され、酷使された。娼楼も続々とたてられた。

明治三十七年六月十四日の福岡日日新聞に「釜山を北に距《さ》る三十五里、京釜鉄道の線路に沿へる一都会大邱は、人口殆《ほと》んど二万五千、近来邦人の入り込む者、まさに三千にのぼらんとす。しかも多くは鉄道人夫、醜業婦《しゆうぎようふ》等にして、確実なる資本家、商人は寥々《りようりよう》」とある。この当時からおキミらのような鉄道関係者専属の娼妓がいたとわたしは思う。

当時をしのばせる記事をもうひとつ。

「京釜線架設が着手さるるや、B氏は率先して大邸に入つたが、当時は内地人の居住せるもの稀《まれ》で、氏は工事関係の用達と、その内地人従業員の旅宿とを創《はじ》めた。当時釜山との連絡は実に困難を極めたもので、貨幣の如《ごと》きは一厘銭をチゲや馬背で運んだ。氏は瓦焼土に着眼して五十万坪の土地を買占めた。殆んど無価値の地は京釜線の開通によつて奔騰《ほんとう》した。弱冠の氏は一躍して巨万の富をつくつた」

おキミたちが大正九（一九二〇）年に咸鏡線中部南第三工区建設工事にしたがったころは、総督府の支配力も強くなっていた。咸鏡北道は豆満江《とまんこう》をへだてて中国領に接している。またウラジオストックはロシア領の港として、この地方の朝鮮人の出稼ぎ地でもあった。

この国境地方に伝わる民謡は、牛や羊を追う牧童や豆満江を丸木船で乗り切る木《き》樵《こ》りや農民たちがうたうものだが、日清・日露の戦役の原因をしのばせるような唄があった。ウラジオ一帯の山を東大山といい、ウラジオの朝鮮人集落を新開殖といった。

山よ山よ東大山よ
父母きょうだいに
別れゆく山よ　エー
ウラジオ港がそんなにいいのか
新開殖へと
女が逃げるよ　エー
行くな行くな行ってくれるな
東大山の山風は
別れの風だよ　エー
泣いて叫んだあの人は
三年たたぬに
露西亜の妾《めかけ》をこしらえた　エー
露西亜の札束でひどいめにあって
倭奴《ウエヌム》の巻たばこに
またもうまうまだまされた　エー

向こう岸でなびく葦の葉よ
もだえる胸になぜ呼びかける　エー
雪白く月白く天地も白く
わたしの胸は氷のようだよ　エー

氷に閉ざされた山野を行きもどりしつつこうした民謡をうたった人びとが、おキミたちを買ったのであろうか。

咸鏡線建設工事はまことに難工事であったという。ロシア革命によってウラジオのほうから多くのロシアの女たちが流れてきて、国境の町々に日朝華露の娼家が並んだとおキミは語った。当時の新聞にもアメリカ人がロシア女を売買したりしたことが出ていたりする。

おキミはケナリの花を愛している。れんぎょうのことである。

綾さんが所帯をもった庭には春ごとに鮮黄色の花がこぼれんばかりにひらく。それは朝鮮に春を告げていた姿さながら、ゆれる。おキミが愛しているので綾さんが植えたものであった。どこかの娼楼での想い出がまつわっているようで、ああことしも咲いたな、という。

　ある日綾さんは、外出さきから帰ってきて、一瞬立ちすくんだ。庭から火が出ていた。その二メートルをこえた大きな株に育っているれんぎょうの根もとに、紙をうずたかく盛って、おキミが火を放っていた。ぴしぴしと蕾《つぼみ》が音を立てていた。おキミは枝先の黄の花をむしっては、草履《ぞうり》で踏みつぶしていた。燃える紙片が飛び散った。

　あわてて水をかける綾さんすら目にとまらぬように、おキミは一花ずつむしりとり、朝鮮語でののしりながら花々を踏みつぶしつづけた。家族がみなではらってだれもいない午後、よろよろする脚で庭へでて、かの女はなににむかってなにを踏みつぶしていたのか。綾さんが抱くように引きとめると「ウェヌム、チャシキッ！」と叫んでふりはらったという。ウェヌムとは日本人の蔑称である。チャシキとはどういうことばなのだろう。

大連悲歌

日露戦争がたけなわの明治三十八（一九〇五）年二月、占領地の大連に民間人の渡航がゆるされた。商工業者が七、八百人渡った。が、旅館の数がまだすくなくて、わずかに大連ホテルと遼東ホテルがひらいているだけだった。人びとはやむをえず民家を借りて住んだ。

　この二つのホテルは、ホテルとは名ばかりの粗末なもので、客室はせまく、しかも数人の相べやだった。そのうえ一泊三十五円という当時としては破格の宿賃をとった。それでもここには五、六人の女がいたので、請負業者や前線がえりの軍人が安からぬ宿泊料をはらって泊まりこんだ。女の姿はこのほかに海軍クラブにやはり五、六人みえるだけで、あわせて二十人にみたなかった。

　それが夏へむかうころには料理屋七十軒あまり、娼妓八百人とふくれあがった。料理屋のほとんどはあいまいやといわれる店である。これらの店には前線へでる軍人やそこから帰ってきた兵士たちが出入りし、豪遊した。

「三軍を叱咤《しった》する軍人、世界の商人を以て自任する豪傑も、それ日本ピー（ピーは満州語の女、と註がある）が来たぞと押寄する者、恰《あたか》も一顆《いっか》の砂糖に蟻の蝟《い》集《しゅう》するが如し。日頃大気焔《だいきえん》を吐く男子も、爰《ここ》に至て三文の価値なしと云ふべし」などと従軍した新聞記者は報告した（明治三十八年九月六日、福岡日日新聞）。

大連はもとダルニーといっていたのだが、日本軍が占領したのち三十八年に遼東守備軍命によって大連とあらためられた。ロシアが租借地としていたころ、清国人クーリーのひきとめ策として、劇場と遊廓《ゆうかく》がおかれていた。その当時もここに送られてくるからゆきさんがいた。開戦直前の娼妓は、日本人は四十人ほどで、清国人は二百人あまり、ロシア人が十余人、そして朝鮮人は七人くらいのものだった。が、その開戦とともに遊廓も閉ざされて、女たちの姿は消えていたのである。

やがて日本軍が占領して日本ふうの店がひらかれた。その第一号は福岡県小倉の河村啓介が、東郷通りにかまえた店である。店の女たちは天草の女、福岡県遠賀郡の炭坑の娘、小倉の私娼などだった。河村がこれらの女たちをともなって門司から船出するとき、見送りの人びとは「お金サたくさんもうけて早くお帰りまっせ」と祝った。

大連の娼妓たちの揚げ代は四分六分だった。娼妓六分で楼主四分。女たちは野戦郵便局から日日ふるさとへ送金した。送られる金は、はじめのうちは一人一日百円以下はすくなくて、四、五百円のものもいるというぐあいだったが、やがて国内の娼妓と同じ苦境におちいった。女たちの数がますますふえていったためである。これらの店にあがることのできない兵士や労働者たちを客とする私娼窟もふえた。

大連にわたるには陸軍省の認可がいるためか、密航が多くなった。そのころ門司でみつけられた少女たちは、数多い順から、愛媛、高知、広島、山口、福岡、佐賀、長崎、大分、熊本となっている。誘拐者は広島、愛媛、福岡、長崎の者であった。

日露の講和談判がはじまったのが明治三十八年八月、それが締結しないうちに「渡来せる日本婦人は今や大連市内にみちみちて、殆んど千の数に達せんばかり」となった。「好色漢は之《これ》がため女の下落を喜ぶべきも、女はその反対に次第に得意の地位を失して、不幸の境遇におちいることとならん」。揚げ代もおちていった。

大連は遼東守備軍が治めていたが、その年も末になって、遊廓がたちはじめた。逢坂町といった。やがて関東民政署が行政を担当するようになり、貸座敷規則を発布した。公娼制のはじまりである。

福岡日日新聞は「此れを見ても満州経営が先《ま》づ魔窟《まくつ》の創設より始まる事が証明される」と報じている。

このころともなれば大連を中心にして各地につれてこられた女の数は三万にものぼった。清国人は日本の女をみると、「ニー、ナンボ、マイマイ（いくらですのるか）」と声をかけた。クーリーは「インパン、ポコペン（日本はだめだ）」といいだした。日本人は娼妓を妻にするからだという。また料理屋が、料理はそえものでじつは売淫の店だからだ、とけいべつした。

私生児や死産がふえ、私生児は清国人に売られた。手のほどこしようのない惨状が娘たちのうえにふりかかった。

まちのごみすて場をあさりながら病娼が歩いた。まだ十四、五歳の少女もいた。講和条約がむすばれたあとの大連は日本の租借地となったわけだが、それはこうしたひどい姿で、それは旧満州の全域にひろがったのである。

「満州の到る処、本邦人の経営する魔窟を見ざる事なき有様である。本年（明治四十年）五月の調査に依《よ》れば、大連には芸妓《げいしゃ》が百六十七人、酌婦《しゃくふ》が二百八十二人、娼妓が百十三人、支那娼妓七十六人、即ち七百余名の売春婦が居る。此以外に無届無認可の淫売婦が幾許《いくら》あるかは想像の外である」。奉天では「千五百の男が五百人の売春婦を養ひ置く次第にて、男三人に売春婦一人の割合に当る」「露清の人は非常に軽蔑の眼を以《もっ》て日本人を見て居る。露国なども随分淫売婦の居る所だけれど、日本程でない。何《いづ》れも夫は懲役に行つた者とか、或《あるい》は自分は懲役人上りかで、何れも肩書付きである。然《しか》るに日本人は処女の操《みさお》を直に醜業を以て破る実例少くはないのは、甚《はなは》だ慨嘆に堪《た》へぬ」（明治四十年十二月十七、十八日、福岡日日新聞）。

からゆきさんはこのようにして国の公娼制にすっぽりとつつみこまれていったのである。それは租借地だけではなく、日本の支配力がおよぶ地域のどこででもみられた。旧満州の地はもとよりのこと、清国の北や南のおもな都市ではからゆきさんを公娼私娼にわけて日本の警察権で管理した。

くにでは香港やシンガポールをはじめ、南方にいるからゆきさんも同じように管理しながら国力をそのほうへものばしたいと考えはじめていたにちがいない。けれども西欧諸国の植民地である南方に、そうたやすく、このようなかたちで国の支配権をみとめさせることはできない。それはせいぜい商品市場を開拓しようともくろむ程度であった。

日露戦争や日韓併合のあとフィリピンでは、日本はつぎにフィリピンをねらっていると噂《うわさ》するものたちがいた。アジアの人びとは日本が国力をのばして、アジアから西欧人を追いはらうものと考えていたのがみごとに裏切られて、日本への警戒をつよめた。南方の華僑《かきょう》たちによる日本商品のボイコット運動がはげしくなって、日本人の娼楼も影響をうけた。西欧の植民地を流亡するさまざまなアジア人のひとりとしてこの地域でくるしんでいたからゆきさんが、いままでとちがった目でみられはじめた。女という生きものにすぎない、無国籍な状態のからゆきさんたちが、日本の女としてみられだしたのだった。

このようにからゆきさんの歴史にとって、日露戦争はひとつの画期であった。それは国力を強めたくにによって、からゆきさんが解放された、というようなものではない。アジアの北方へ流れでていた女たちが、それをきっかけに、くにの管理下にいれられたのをみてもわかるように、解放でも保護でもなく、不完全な支配から完ぺきな支配へうつされたのである。おキミさんや大連の娼妓の姿をみればそれはあきらかである。

大連は植民地都市としての建設がすすんでいった。

港には各地からはこばれてきた大豆の山ができた。満州鉄道は日本人の管理のもとで人や物をはこんだ。だれもこの新領土をさまよう娼妓をおもうひまなどなかった。ただわずかに大連青年会の人びとが、病娼を引きとり婦人ホームをもうけて保護していた。

その婦人ホームは青年会の主事益富政助が中心になって運営していたものだった。かれらはまだ日露戦争のころ、十三、四歳の少女があまりに悲惨だと、娼楼から引きとると東京の救世軍の婦人ホームへ送りとどけた。ほかには国内にもかの女たちを保護する機関はなかった。青年会はその後も引きつづいてかの女たちを保護していた。が、東京へ送る費用と手間にことかくのと、保護せねばならぬ少女が多いこともあって、この仕事を三十九年四月救世軍の手にわたした。救世軍はこれを大連婦人救済所と改称した。

その後一年半の間に収容された娘の数は二百三十六人になった。十二歳、十三歳の子らもまじっていた。益富政助は大連の祭りの夜に、つぎのようなポンチ絵の灯籠が町筋につるされたと記している。

「一人のうら若い娘を真裸に腹ばひに寝せておき、その臀部《でんぶ》に、山海の珍味を盛つた春慶塗《しゆんけいぬ》りの立派なお膳を据ゑ、そこに鬼みたやうな大の男があぐらをかいて盛んに酒をのみ、料理を平らげてゐる場面である。そしてその賛に言ふ。ひどい親娘の尻で飯を食ひ」（『公娼制度廃止論』）

そして著者は「ひどい町娘の尻で町を立て」「ひどい国娘の尻で国を立て」である、とつづけている。

大連の少女たちは救済されたのち、つぎのように転じていった。
一、内地に帰国したもの、百三人。
一、大連地方で女中奉公をするもの、四十一人。
一、看護婦および保母となったもの、六人。
一、内地で女学校に入学中のもの、三人。
一、商業に従事したもの、二人。
一、親族知人に引渡したもの、二十五人。
一、結婚したもの、十一人。
一、病院に入院中のもの、二人。
一、死亡したもの、三人。
一、不結果、十五人。
一、現在収容中のもの、十九人。
以上は福岡日日新聞明治四十一（一九〇八）年二月二十日の「大連の婦人救済所」という大連よりの通信記事によっている。「不結果十五人」は保護のかたくるしさにたえきれず逃げだしたり、娼妓奉公にもどったりした娘たちを意味する。

この救済所のことは近郊のからゆきさんたちに知れ渡っていたのでここへとびこ

み救いを求めた娘がたくさんいた。たとえば大連からほど近い旅順の料理屋から二人の酌婦が逃げこんでいる。福岡県八女《やめ》郡光友《みつとも》村のシメ（二十一）と佐賀県生まれのヨシ（二十一）であった。それを抱え主が探しあて大連警察に訴えでた。二人の前借はおシメは三百三十三円、おヨシは三百九十三円、各稼ぎ高はその半額ぐらいで残金がある。が、二人は殺されても帰らぬといいつづけ、「抱主の方にも公然と云はれぬ仕打ちあれば、いよ〳〵閉口し、みごと二人に借金をふみ倒されすご〳〵旅順へと引返しし由、一寸評判なり」という（明治四十年十一月二十二日、福岡日日新聞）。

前借にかかわらず娼妓をよしてしまうことを、自由廃業といった。それは救世軍や新聞のキャンペーンなどの危険をいとわぬ運動に助けられて、早くから国内ではじまっていた。それがこうして国の外でもなされたのは、自由廃業が娼妓たちの夢であったことと、ここまでその運動をすすめる人びとが出かけていたことによる。けれども娼妓をとりまく暮らしはまずしく、また公娼制度をくにがみとめていたから、それは容易ではなかったのである。

警察へ逃げ込んだ娘たちもいた。旅順でのことである。柳町第二金波楼は山口県岩国出身の浦蔵（二十八）が営む娼楼だった。ここには広島県のデン（二十）、シナ（十五）など、やはりまだ十五、六の少女がまじって客をとっていた。前借二十五円を郷里の親たちが受けとって、娼妓奉公を承知の上での渡航であった。けれども年給金百円の契約は口さきのことであった。船賃も宿代五十円も娘たちの借金になっていた。客をとってもその揚げ代は楼主がとりあげた。泊まりの客の場合は宵《よい》の口から翌朝まで六円という、当時にとっての大金である。四分六分が原則だが、食事代化粧品代その他さまざまな名目で差し引かれた。借金は消えるどころでなく、衣装代としてふえていった。楼主が勝手に衣装を買って着せ、そして連夜休むひまなく客をとらせた。

少女たちは堪えかねて、そしておデンが代表となり、こっそりと楼をぬけて警察へ訴えでたのである。ところが「警官は馬耳東風とあしらふのみか、既に戸籍謄本さへ差出しての上なれば、貴様に一言の文句あるべき筈《はず》なし」と叱った。論理的には文句のいいようのない契約であったので、警察ではいつもこうして女たちを追い返したのである。もっとも楼主らも警官に揚げ代なしに女を与えることを忘れなかった。

このおデンはそののち、たまたま客となった男に寝物語りをしたところ、七十五円もたまっていた借金を払って広島まで連れて帰ってくれた（明治四十年五月二十一日、福岡日日新聞)。男はその金をおデンの親に要求したが、ともかく旅順をぬけだすことはできた。

しかし、あとに残った十五歳のおシナたち五人はどうなったことだろう。金波楼のあった旅順は、大連とちがってロシア風の新しい街というわけではなかったし、戦争で破壊されていたこともあり、花街もまた遊興というよりひたすら性の売買の場で、すさんでいた。日本人街は二、三軒おきにこうした家で、「日本人の料理店は何れも公然たる淫売屋ではあるけれど、殊《こと》に旅順の酌婦の如き、臙脂《えんじ》化粧を凝《こら》して店を張り、客は酒肴《しゅこう》を呼ぶ目的よりは、只《た》だ春を買はんが為めに出入するのである。かくの如き有様であるから、某病院長はかう云つたことがある。旅順で開業する医者は格別機械も薬もいらぬ。只だ花柳《かりゅう》病に対する準備さへあれば沢山《たくさん》である」(明治四十年十二月十七日、福岡日日新聞)。

大連の婦人救済所に、博多御供所《ごくしょ》町生まれのナミという十九歳の女が収容されていた。ナミは大連の羽前町にある料理屋花月亭の酌婦をしていた。梅毒に侵されていて、だれがつくったともしれぬ唄をよくうたった。

親方さん親方さん
ちょっとそこまでいってきます
鑑札手にもち警察へ
申しあげますお役人
自由廃業ねがいます
ままになるなら花月の格子
開けてかがやく大連で
自由廃業生きよと死のと
わたしひとり
四百余名のためとなる

（明治三十九年九月十二日、福岡日日新聞より）

救済所の看護婦たちが、その唄はだれがつくったの、とたずねると、ナミはわらいながら、「わたしの虫が考えたの」と答えた。
日本の公娼制はわたしたちのはるかな祖先から、代々つたわってきたものである。それは明治維新になっても、すこしもかわらなかった。日露戦争のあとは国のそとへもひろがり、第二次大戦で日本がやぶれてもなお生きつづけていたものである。ナミにふりかかっていたのはこうした時代の波と、そしてはるか昔からの、女の孤独だった。ナミは病床でなおうたっていた。

ほんにこの身はかごのとり
せめて空とぶとりなれば
ちかい博多に巣をかけて
こがれてなくこえ
ああかあさんにきかせたい

荒野の風

アカシアの花かおる大連。わたしもまたアカシアの花にまつわる思い出をもっている。その白い花房とやわらかな匂い。植民地といえばちりこぼれる白い花々の、その乳児のようなあまい香りがただよう季節をおもいだす人びとも多いことだろう。

若い夫婦だけで渡ってきているので、口うるさい姑はもとより、近所に年寄りもいない。親類や縁者との交際に気をつかうこともなく、おもいのままのくらしである。内地にはみられない異国ふうな都市……。電気、電話、ガス、水道はととのっている。内地の女たちのように、かまどや井戸の炊事にわずらわされることもない。御用聞きが毎日雑貨の必要をうかがいにくる。八百屋、さかな屋、肉屋はいうまでもなく、菓子屋も書店も、用向きをうかがいにきた。「楽しき大連」という新聞記事には、「実に大連は婦人の天国に御座候。その生活の自由にしてのんきなる事、内地の遠く及ばざる所に候」と書かれている（明治四十三年三月一日、福岡日日新聞）。

大連にはサラリーマンがふえていった。大学をでた人びとで「官尊民卑的謬見《びゅうけん》が、不知不識《しらずしらず》の間に植つけられ……」と「楽しき大連」の記者は記した。

「唐天竺」はいまや日本の政府が支配する植民地である。高級官民が遊ぶ華麗な遊里がととのった。しかし、その裏街には、公娼からはずされた女たちが私娼となってひそんでいた。病娼たちはふるさとへかえされ、時には内地の港や駅にすてられもした。大連の婦人救済所には娘たちが、払いさげの野戦毛布にくるまって横たわっていた。おキミは朝鮮の北の果て、国境ちかくの娼街に入っていた。

おキミは、みずから娼妓の引きぬきに出歩くことがあった。かの女を身うけして娼楼をいとなませる男が、日本海側を走る鉄道の工事にかかわることになり、日本娘をふやさねばならなかったからである。工夫にやとわれるのは、朝鮮人の男が大半で、朝鮮や清国の女では商売にならなかった。

かれらは、日本人の監督に酷使、というより虐待され、おまけに工事は難渋《なんじゅう》をきわめた。だれも気がたっており、朝鮮人工夫は、日本娘を買ってうらみをはらした。おキミは、かれからわたされる金をからだに巻きこんで、あたらしい女の引きぬきに歩いた。

南朝鮮のしずかな山村である秋風嶺までくだって、そこに流れついている娘を受けとりにいったことがあった。車中、たまたま隣にすわった男の話をきいてびっくりした。秋風嶺で受けとることになっている娘は、この満州からの旅行者が、かつてこのいなかの資産家のめかけに売った女であった。

からゆきさんは、その意志にかかわらぬ思わぬ境遇にはいっていった。朝鮮人として売られたり、台湾娘に仕立てられたり、またはおキミたちのようにくにの政策のおもむくままに、圧迫されるアジアの人びとへの人身《ひとみ》御《ご》供《くう》につかわれたりした。あるいは、ふるさとの村しか知らぬまま海をわたり、スパイの疑いをかけられて投獄された。シベリアお雪はロシア軍によって新義州で投獄された。

香港お雪はアメリカ軍によってマニラから追放された。フィリピンが、アメリカとスペインとの戦争の結果、アメリカの植民地となったときである。

このときはフィリピンの独立運動に参加したいく人かの日本人がいたが、米軍の攻撃をうけて独立軍は敗れ、生きのこった日本人のひとりは変装してフィリピンを脱出した。脱出する船にはおおぜいの船客にまじって香港お雪がのっていた。かれは公海にでると、お雪に声をかけた。

「おれを忘れたのかね」

お雪がふんぜんとしていった。

「忘れるものですか、あんたのためにマニラを追放されたんですからね」

かれらがマニラでひそんだ娼楼に、たまたま香港お雪が香港から移ってきていた。お雪はかれらの共犯とみられたのであった。

フィリピンの独立運動が潰滅《かいめつ》したあと、フィリピン人のなかには「われに武器をあたえよ」と日本人に語りかけるもののいたことが、福岡日日新聞の旅行談にでている。

明治四十三（一九一〇）年、大連にちかい港町、旅順では、朝鮮の独立運動につくした安重根《あんじゅうこん》の裁判があった。かれの公判には、初代韓国統監、伊藤博文を狙撃した犯人をひと目みようと、大連の日本人がおおぜいつめかけた。

安重根はおキミがつれていかれた朝鮮北部の生まれであったが、土地をうしない、故郷から流れでていた。かれはうばわれた故国について、旅順の法廷で意見をのべた。統監政治の侵略性について論じた。かれはキリスト教の信者で、家族はみな洗礼をうけていた。重根は三十二歳、漢学とフランス語の素養があった。重根の応答は明晰で「すこぶる雄弁にして韓語を解せざるものにも、その熱情を認められたり」と福岡日日新聞は報じた（明治四十三年二月十五日）。

「日本皇帝の日露開戦の詔勅《しょうちょく》に東洋平和、朝鮮独立の文字あるを見て、日露の役には大いに日本軍のために尽力をなし、遂《つい》に日本の勝利となるや、我々同志は朝鮮独立の始めて安固となるを得べしと、大白を浮かべて祝したり。が、幾何《いくばく》もなく五カ条協約あり。次いで七カ条協約の締結あり。ここに我等の希望は全く水泡に帰したるより、憤激慷慨《こうがい》せざるをえざりし。而して日本皇帝は朝鮮併呑《へいどん》に意あらせられざることは、宣戦の詔勅にも明らかなり。然るに伊藤公が統監として来任するや、圧制的に朝鮮の独立を奪ひたり。こは朝鮮王国の意にあらざるは該協約に玉璽《ぎょくじ》もなく、大臣の副書なきにても明らかなり。故に予等は日本と開戦する覚悟にて（中略）何らかの方法を以て此事実を世界に発表するが最も捷逕《せふけい》なりと信じたるなり」

かれと公判を共にした同志の禹連俊も「安重根より伊藤公殺害のことを聞かずとも、不幸なる韓国の一人民として殺害を躊躇《ちゅうちょ》せず」と述べた。

からゆきさんは無数の安重根に接したはずである。安とともに独立運動をしていて、伊藤博文がうたれたあと容疑者のひとりとして捕らえられた金某《なにがし》の妻は、長崎県島原生まれのお米だった。おキミさんの養父となった李慶春や、かの女たちを買いにきた朝鮮人工夫たちもその感情は地下茎のように安重根へつながっていたことだろう。そしてかの女たちはたくさんの安重根や李慶春の、うばわれた独立への慟哭《どうこく》によって圧《お》しつぶされた。

海外で散ったからゆきさんのなかには、かれらの慟哭をからだで聴きとることのできた女もいたかもしれない。あるいはふるさとから流れでた境遇を、わが身にひきよせてあわれんだ女がいたかもしれない。日露戦争のときに日本軍の電線を切って死刑になった七人の清国人のその頭領、陳宝昌の妻ユキは、大分県北海部郡佐志《さし》生《う》村生まれだった。一男一女がいた。

大連より早く植民地になった台湾では、日本人をおそって殺害した蔡清林という男がいた。その愛妾は佐賀県杵島郡六角村出身のおトシだった。またブラゴエシチェンスクには、満州お菊とよばれる馬賊の頭がいた。天草の出だった。京城の料理家に幼いころ売られ、あちこちを流れていた女で、いくつかの馬賊グループの頭目格だった。

日本人は清国人のさまざまな抵抗の集団を馬賊と総称したが、その反日反露の運動は執拗《しつよう》なものがあった。

満州お菊のことは渡辺龍策著『馬賊』に、「彼女じしんの体内に流れている野性も、大陸の曠野《こうや》をかけめぐるのにふさわしいものがあったのであろう」と記してある。からゆきさんは馬賊たちの本質を直感でとらえることができたのだと思う。石光真清の『曠野の花』にそのような女のひとりが紹介されている。お君といった。「女郎上りらしいが、一通りの女ではなさそうであった」「その態度にも語気にも反撃に近い気骨が含まれていた」という。

お君は増世策という義軍の頭目の妻となっていた。増は日露開戦の直前に捕らえられて処刑されたのだが、それを見とどけたお君は山中に同志の宿をかまえて、残った仲間たちと抵抗をつづけた。

お君が増と結ばれたのは、お君の直感が増を馬賊と感じとったためであった。かつて増はお君を相方として娼楼にいつづけたことがあった。増はお君を買うと、せめて自分がいる間はおまえに自由を与えよう、と、お君にふれることなく、気ままにさせた。そしてお君をともなって散歩の折に、しばしば曠野に立ちどまった。感慨にふけっているようにみうけられた。おまえは知るまいが、このあたりはむかしは清国だった、といった。今はロシアとの国境になってしまった、とつぶやいたりもした。

お君は増の清廉な心情に、これがひょっとしたら馬賊というものではあるまいか、と思った。そして様子をうかがい、あるとき、わたしをあなたのお仲間に加えてください、といった。

増は一瞬身構えた。おまえはだれにそのことを聞いた、とするどく問う。お君は、だれからも聞いてはおりません、と答えている。お君の虫がそれを見抜き、そしてそれに寄りそっていたのである。増はそのことを信じたが、警戒をゆるめなかった。が、お君のたっての願いに身うけして、とある村のなかの商店に住まわせた。ここには清国人商人が出入りした。増の同志や部下である。増はそれら部下にお君を監視させていた。お君は監視つきでもよい、女郎でいるよりもこの人らといっしょに死のうと決意がふかまるだけであった。

ある日増はあらたまった態度でお君をそばにすわらせると、おまえが見抜いたとおり、自分たちは使命を持っている、といった。こんな男といっしょにおれば、おまえも同類とみられてしまうが、承知か、とたずねた。「最初からそのつもりでお願いしたのですから、今更何の御心配もいりません。女ですが日本人の気性をお目にかけましょう」とお君は答えている。こうしてお君は「馬賊」とともに大陸に消えた。

お君が、「日本人の気性をお目にかけましょう」といったことばは、なまなましくわたしの胸に残る。これは明治期の、そしてことにからゆきさんたちの、大切ないみあいがこもっていることばだからである。

安重根もいった。日本が朝鮮の独立を約していたので自分ら同志は日露の役に全力を傾けた、と。からゆきさんも海の外で、いまは孤独なからゆきだが、あのふるさとが、日本と名のってもうすぐこのあたりまで来る、と感じた。日露戦争の時は、海外の娼妓たちは献金に応じ、せめてそれで日本と名のり出したふるさとと結びつこうとした。ロシア兵を客にして、それでも日本と結びつこうとした。国内でも芸娼妓はわれさきに献金した。

それは自分が名のりをあげる思いに近かった。女ですが日本人の気性をお目にかけましょう、というときの気持ちに似ている。あなたをわたし（日本）は裏切りません、というようなものである。同じような境遇の他国人に対して。

けれども戦争のあと、からゆきさんも安重根もそれが幻想だったことを思いしらされる。からゆきさんのふるさとと、日本のくにとは別のものだったのである。お君は自分が日本人であることを情けなく感ずるようになる。日本人とのつきあいを断って山に入った。増が捕らえられてさらし首になったあと馬賊をひきいていたが、あるいはその仲間からもうたがわれたかもしれない。

おくにことば

おヨシと日の丸

島木ヨシは天草の、牛深《うしぶか》市魚貫《おにき》町浦越で生まれた。そのころは魚貫村といった。浦越浦にそったこの村にちいさな炭坑があった。ヨシはこの炭坑で六人きょうだいの長女に生まれたのである。明治十九（一八八六）年だった。

ヨシは十九でからゆきとなった。ちょうど日露戦争のあとである。日露のあとの炭坑の生活苦は天草ばかりではなかった。石炭は戦後その販路をひろげて、上海やシンガポールへも輸出されるようになったが、戦時中に出炭を急いだ反動で、坑夫たちに仕事は少なかった。

そのころの炭坑は賃金に現金を支払うところはめったになく、どこの炭坑も、鉱山が経営する売店でしか通用しない金券を与えていた。そんな状態のところに不況の風が吹いて、現金のない坑夫の家族は追いつめられていった。父も母も子どもらも、家族ぜんぶが坑内で働いていたが、仕事がすくなくなり、娘坑夫が炭坑の外に奉公にでた。

炭坑の娘ばかりではない。日露戦争は世界中に、極東の小さな島国の日本が、思いがけぬ国力をもつことを知らせたが、戦後のくらしはだれも楽ではなかった。「戦後の貧民」と題して、一米国人の観察が福岡日日新聞紙上に米紙から転載されている。

「村と言はず圃《はた》と言はず、所さだめぬ海人の釣舟の上にまで課税の手は容赦なく及び」、貧民は苦しみ、「アジア人特殊の下等室に」男女が満載されて米国に出稼ぎにでる。貧民が多すぎるので「数千の移民は朝鮮や台湾に輸送されるが」、いなかからは大望をいだいたものたちが絶えず東京へでては、都市の貧困者を圧迫している。「独占事業など言ふ舶来の事業が」ふえて、高価なものを人民は買わされ、「可哀《かわい》さうに人民は重い税と、少数の金持の懐中を肥やすために、なけ無しの銭を搾《しぼ》られて居る」。

マッチの燃えさしや魚鳥のはらわたを大切そうに拾っていく人、仕事がなくあぶれている者たち、資本家は弱者を責め、小児を保護する法律もないため幼い者も工場で使われ、「其無慈悲なこと恐らく世界一であらふ」、などと書かれている（明治四十年十月）。戦費を消却するための課税の重さや、工場法さえない資本の独占化の過程が、アメリカのジャーナリストの目に、アジアにおける支配国の裏面を感じとらせたのであろう。

ヨシは「輸出される数千の移民」のひとりとして海の外へはこばれた。

ヨシはまず上海で五年ほど娼妓《しょうぎ》奉公をし、そしてシンガポールに渡った。ヨシは身近な人びとに、

「五円玉いっちょ握って逃げだした。フランスの船員に金をやって船にかくしてもろうた。人目をしのんで内緒金をためるのは、くされ橋をあるくげな気色じゃった。若いころの苦労は買うてでもせいというばって、あげな苦労はするものじゃなか」

と、もらした。

そのころの日本人の娼楼《しょうろう》では泊まり五、六ドルが相場だった。ひと夜で稼げるはずのそれを、ヨシはくされ橋を渡るようにはらはらしながら、こっそりと五年かけてたくわえたことになる。

ヨシがたどりついた当時のシンガポールの娼街を、福岡日日新聞は次のように報じている。

「九時頃より有名なるマライ、ステレッチ（馬来街）を観る。家は洋館にして青く塗たる軒端に、123の羅馬字《ローマ》を現はしたる赤きガス灯を懸け、軒の下には椅子あり。異類異形の姿せる妙齢の吾が不幸なる姉妹、之れに倚《よ》りて数百人とも知らず居並び、恥しげもなく往来する行路の人を観て、喃々《なんなん》として談笑する様、あさましくも憐《あはれ》なり。

衣服は目を驚かす色あざやかに派手なる浴衣《ゆかた》をまとひ、ことごとく細帯のみにして、髪は高きヒサシに大なるリボンを掛く。多くはこれ二十歳を超えざる妙齢の女子なり。之れをホテルの婢に聞くに、九州ことに島原天草を主とし、紀州中国これに次ぐと云ふ。

新嘉坡《シンガポール》の人口約二十五万、在留日本人約一千八百、而《しか》して其過半は醜業婦《しゆうぎやうふ》なりと云ふ。又之れを当地在留の某氏に聞く。彼らの来るや単身国を去つて密航を企《くわだ》つるもの、約全数の三分の二。これに反して悪漢の手に誘拐せられ、甘言の下に当地へ来り、身を売らるる者、残り三分の一」（明治四十二年五月六日）

ヨシはシンガポールにあがると日本人にみつからぬように走った。外人の店をみつけてそこにとびこんだ。爪みがきの店であった。

ずいぶんたやすく上海をぬけだして、誘拐業者につかまることもなく、かたぎの商売につけたものである。日露戦争後は、日本人の婦女売買の組織は活発になっていたことを考えあわせると、運がよかったのかもしれない。

ヨシがシンガポールへ密航したころ、シンガポール政庁は同市の公娼制を廃止しようとしていた。娼妓売買でくらす西欧の男たちは二十年から二十五年の実刑となった。その刑をおそれて西欧人の誘拐業者は姿を消した。また一九一三（大正二）年には西欧人の公娼をやめさせ本国へ送りかえした。

爪みがきとかマッサージというのは転業した娼妓の店として、いかにも似つかわしい。

ヨシは外人の爪みがき店で働きながら小銭をたくわえた。したしくなったイギリス人の警官が、ヨシが望んでいるマッサージの店を持とうといった。ジョージという名だった。ヨシたちは家をもち、窮迫していた日本人の女を二人やといいれて、マッサージ店をはじめた。

ヨシは働くことがすきだった。また独学で手紙が書けるまでになった。ヨシが店の女に話す。

「家もとへ手紙の一本も書けんなら、つらかろうが。字をおぼえんばならんばい。がんばらんば。あんたどま、がんばりが足らんばい。日本人ちゅうことを忘れちゃおらんな。あんたどま、なんとも思うとるまいが、いくら日本が強い国でも、外国にいる日本人が笑われるようなら、国はしまいには、なかごとなるばい。みてみろな、マレイ人でも安南人でも、国がなかごとなった人は、本人がよか人でも馬鹿にさるったい。あんたどま自分ひとりどうなろうと、かまわんじゃろ。けどそんなもんじゃなかばい。あんたどま、ひとりひとり生きた日の丸ばい。あんたどんが、じだらくすれば、日の丸をじだらくにしよるのと同じばい。

日の丸は偉か人が外交につかう旗ぐらいに思うとったら、大きなまちがいばい。わたしは五円玉いっちょにぎって、きもの一枚持たんまんま逃げたとき、つくづく思うたばい。外人の店に走りこんで、日本人です働かしてください、といったとき身にしみたね。外人はわたしを日の丸だとみたばい。おなごが来た、という顔はせんだったばい」

ヨシにとって元警官のジョージは、日本人の誘拐者から身を守る、とりでであったのかもしれない。日本人の男には「日の丸」は通用しなかったから。「日本人の男は、おなごが来た、という顔をする……」とヨシはいった。ヨシは「日の丸」についていて、それが若くして売春の日々に閉ざされて働くすべを知らない同性たちを、からだのなかからよみがえらせるための、たったひとつの手がかりのように熱っぽく話している。

ヨシがくらしていた所は西欧の植民地なのである。大連のような日本の植民地ではない。大連では、ナミが、わたしひとり四百余人のためとなる、と狂ってうたっていた。南方ではヨシがナミたちのような仲間をひろってきて、あんたらは日の丸ばい、と語りかけていた。ヨシもこの女たちも娼街のくらししか知らなかった者たちである。

ヨシは少しずつゴム園を買っていった。『南洋の五十年』によれば、一九〇五年ごろになり欧州でゴムの需要が高まり、マレイ半島にゴム栽培熱が勃興《ぼっこう》した、とある。そして二、三の邦人の苦難の開拓時代がはじまっていた。

ゴム園の作業は朝早く、ほとんど日の出まえに終えねばならない。樹液がねばって出なくなる。ヨシのゴム園はシンガポールからかなり奥にあった。週に一度は車をとばして管理にきた。マレイ人はせかせかと働くことをきらっていた。食べものがあるあいだは、のんびりと遊んでいる。そしてなにもなくなると朝早くからやってきた。

「働きなさい。働いたらいくらでも土地や畠《はたけ》がもてるとじゃから。金はつこうてしまわずにためなさい。ゴム園の仕事はおぼえたろうが。自分の山をもとうと考えなさい」

ヨシは土地のことばでいう。かれらはにやにやと笑う。そしてどうして土地や畠がいるのか、と問いかえした。自然は食べるだけのものは与えてくれるのだから。

ヨシはどのようなくらしにも泣きごとひとついわなかった。ジョージがぶらぶらしていても平気だった。わたしは、ヨシが上海を無事ぬけだしたことや、外人の店にとびこんだこと、そこからまたぬけだしたことなどをみていて、かつての炭坑での労働がその生き方のささえになっているように感ずる。

炭坑の作業は熱帯にまさるともおとらぬ熱気のなかでのものである。まっくらな、いつも死の恐怖におびやかされた孤独な現場でおこなわれる。その地面の下の、じめじめしたくらやみを這《は》いまわって、少女も石炭を掘った。背を引き綱でくいやぶられ、膿《うみ》をながしながら掘った石炭を地上までだした。

からゆきさんのなかには、炭坑からつれだされる娘もいたが、この背にできた傷あとや、百姓や漁師の娘よりもぶこつな手足のために、誘拐者が引きとらなかった例があるほどで、新聞では密航もできぬ炭坑婦とわらわれた。ヨシはその炭坑でくろうして、しんのつよい、泣きごとをいわぬ娘になっていた。

ヨシはシンガポールのことをシンガッパと言っていた。そのシンガッパからふるさとへ手紙を書き、送金した。海をわたってから十年たっていた。まとまった金であったから、親たちは炭坑をでて牛深にちいさな家を建てた。父や兄弟は石工になった。ヨシはたびたび便りをよこした。「話すごと書いてあった」と縁者はなつかしがる。

ヨシはシンガッパで知人をふやしていった。しかし、色街にはちかづかなかった。ジョージをとおしてイギリス人のあいだに知人ができた。客すじがさだまってくらしも少しは落ちついた。

治療にくる日本人がくにへかえるのがヨシの目につくようになった。ふるさとが浮かんでくる。

「いっぺんかえってみろうか……」

とつぶやいた。なじみの客が治療台で、

「おもいたったが吉日」

といった。

ヨシは元従業員のヒサに店をあずけて、一時帰国した。大正十（一九二一）年である。三十五になっていた。


白いドレスを着て、たいそうモダンな女が石垣のうえの窓から外をじっとながめているのを、島の若者たちが遠くからみつめた。

「きれか人じゃなあ、とおもうて、ちらちら見よったばい。なんせ、外人のごと、いきじゃったもん」

そのときのヨシを語る人が、いまも牛深にいる。娘たちも、

「あの人に外国につれていってほしか」

と、話しあった。

ヨシは、

「天草はなんもかんも、むかしのままじゃいけんなあ」

と涙をうかべた。髪に三角の布をひらひらさせて海岸をあるくのが島びとの心を

そそった。ヨシは結婚を申しこまれた。その名をきいておどろいた。漁業組合の会計係をしている広次という牛深ではじめてとか二人めとかの、商業学校をでた人だった。

ヨシはためらったが、とりまきにせかされて見合いをした。背が高く、いい男であった。ヨシは結婚して牛深の曲がりくねった細い道をのぼったところに、新しい家を借りて住んだ。

「ヨシさんは毎朝、婿どんがべんとうさげて道を曲がるまで見送りばしよんなさったばい。手ば、こんなふうに振らっしゃると、婿どんは晩方にゃ、家さえもどるとに、なんごて手ば振らんばならんかとおもうた。ヨシさんはうれしかふうじゃったばい。

よか洋服ば着てねえ、きれかったばい」

わたしはふるさとの人びとが、からゆきさんをどのようにみていたかが目に浮かぶ。今もかの女を知る人はそう話すのである。

ヨシは三カ月の予定でシンガッパをでてきていた。結婚をするときにそのことが話しあわれた。それは結婚後に予定どおりシンガッパへもどって、ゴム園などを整理して引き揚げてくることにしようというものだった。が、予定は日一日とのびた。

一年がたってしまった。ようようヨシは、
「シンガッパの整理に二年ばっかしかかるだろうけん、二年間、うちに暇《ひま》をくださ
い。ゴム園も店も売ってきますたい。高う売って、うんともうけてきますけん、そ
ん金で家ば建てるごとしましょう」
と、くにをでた。
二年の約束を一年で果たそうと走りまわって、ヨシは土地や家や道具などのしま
つをした。ジョージはマレイ人の女とできていて、ヨシの帰国にさしつかえはなか
った。帰る船のうえから牛深の広次へ電報を打った。
長崎に船が入り、三角《みすみ》の宿までやってきて、ここに泊まってまた打電した。
電報をうけたのは広次の兄たちだった。かれらはあわてて、電報をもって走りま
わった。広次は牛深の遊廓《ゆうかく》の女となじみになっていて、女はかれの家へ入っていた
のだ。牛深の遊里は西日本では情にあついことで名のしれたところである。からゆ
きさんとふるさとを同じくする娘たちが、こころいとわず客をもてなした。
広次の兄は三角の宿に、「ソチラデマテスグイク」と返電を打った。ヨシは宿で
広次の兄の話をききながら、だまって窓をみていた。
「広次はあそんどるだけたい。一週間でかたをつけて、わしが迎えにくる。な、わ

しと広次とで迎えにくる。な」

ヨシは一週間が十日になり、それがさらに延びると、天草へ足をいれずに九州一円の温泉場で遊びはじめた。芸者をあげてさわぎ、花札を打ってさわぎ、博奕《ばくち》なかまにはいって連れだって賭場《とば》へ出かけた。

広次の兄たちが駆けまわって、もう少し待ちない、必ず別れさせるといい、心をなごめるように頼んだがむだだった。

「わたしはあん人ば責めちゃおらんと。わたしは、自分にあいそがついたったい。三十五にも六にもなって、わたしをしんそこ好いてくれる男のひとりも持ちきらんとじゃいけんな。それにも気づかんと、ひとりがてんで、ほいほいと尻に帆立てて帰ってきて。ばかばいなあ。こげなばかなおなごがおろうか。わたしはもうあん人といっしょになろうごとなか。一年間、夢ばみせてもろうたことで十分つくしてもろうた。三十五年生きたと思や、なんのことなか」

人びとが気をもんでいたころ、ヨシは別府、阿蘇、桜島などと、酒の座のおもいつきのまま動いていたのがしだいに落ちついてきて、八代の男と桜島にとどまっていた。ヨシはその溶岩がなだれおちた山肌に立って放心した。

「ばかなおなごたいなあ。なんもかんも見えんごとなってしもうて……」

たずねてきた広次の甥《おい》にそういって笑った。そして編みかけていたセーターをしあげると、

「こればあん人にあげてはいよ。あんたが買《こ》うたというて」

といった。

「わたしはインドへ行くけん」


ヨシはインドへむかった。

船は上海に寄った。香港へ寄った。シンガッパにも泊まった。シンガッパをすぎると、二月の海はすっかり暑い夏であった。香港で夏物にかえた和服を、こんどはドレスに替えた。ラングーンに着いた。そしてやがてボンベイであった。

陽が水平線からあがり水平線におちてゆく海で、ヨシはよみがえるのを感じた。からだに陽が照って、日本の二月をわすれた。

二十三日ぶりにヨシは陸地をふんだ。そこはさまざまな人種が群れていて、異様な熱気があった。いかにも人間の巷《ちまた》という感じである。ターバンを巻いた体格の堂々とした男たちが目だった。燃えるような街のコンクリートのうえで瞑想《めいそう》したま

ま、身動きもしないインドの男がいるかとおもえば、そばに牛がねそべっていた。額のまんなかに赤いちいさな丸じるしをつけている者もいた。ヒンズー教徒だとコーチの運転手がいった。ターバンを巻いているのはシク教徒だといい、自分はシクだと話した。

かっと炒《い》るような光のなかを、中国人もヨーロッパ人も歩いていた。サリーをまといベールをたらしている女もみうけた。そんな人びとのなかでユダヤの男はきわだっていた。ユダヤ人はなんと美しいのだろう、と、ヨシはその強烈な印象をのちのちまで感嘆しつつ話した。

ヨシはこのさまざまな人種の群れに興奮した。天草では意識しなかった「日の丸」がヨシの心身をなまめかした。三十なかばの女ざかりであることも、この人種のるつぼに身を投げるための、こころよい活力となった。

とあるドアーを押した。日本の会社の事務所とむかいあっている貸ビルであった。ヨシは、この目抜き通りで「ジャパニーズ・マッサージ」をはじめたいと考えたのである。交渉がまとまって、ヨシは数日後にはホテルからここへ移った。

貸ビルの主人は洗練された人であった。ヨシはかれをユダヤ人だと思った。事務員たちが、かれはパーシーだと教えた。おそらくペルシアのゾロアスター教徒のことであろう。インドに永住した人びとはパーシーつまりペルシアの人とよばれていたという。が、ヨシはかれの名をパーシーというのだと思い、かれをパーシーとよんだ。

パーシーはさまざまな相談にのってくれた。ヨシははじめから日本人を足がかりにしなかったのである。上海でもシンガッパでもそうであったように、ヨシには日本人は成功してからつきあうべき特別のグループであった。

ヨシは、やといいれた三人の日本人の女に、まずつぎのように話した。

「ジャパニーズ・マッサージは客商売じゃなかと。日の丸ば胸におさめた民間外交じゃいけん、身ぎれいにきりりとして、決して日の丸に指ささるるようなことをしちゃいかんばい。ええな。あんたどま、くににおるなら、親とか知りべとか友だちが、あんたどんば飾ってくれるけん、少々じだらくでも目に立ちはせん。飾ってくるるのは人間ばっかりじゃなか、天草なら天草の山やら海やら畠やらなんやかやが、あんたどんば飾ってくれるけん、飲もうが打とうが、そがんきらわれはせん、やっぱし同じ人間じゃいけんと人は思ってくれるばい。

けれどもな、こげな外国じゃそうはいかんばい。親も兄弟もなし。あんたどんば飾ってくれるのは紅化粧でもなかばい。そげなもんは飾りにもなんにもなりはせんけん。そげなもんは開店している間はすることならん。

ここはインドじゃいけん、インド人はインドのことを知っとる。けど日本のことは知らんとばい。あんたどんが紅化粧で男にでれんでれんして恥をしらんなら、あ あ日本とはあがんもんじゃなかか、と思ってもう日本人を同じ人間とは思うてくれん。

インド人にはインド人の考えがあるし、イギリス人にはイギリス人の考えがあるし、シナ人にはシナ人の考えがある。いちいち客ばみて相手の考えにあわせよったら、考えがいくらあっても足らんごとなってしまうばい。わたしたちは日本人じゃいけん、日本の代表と思うてマッサージをすればまちがいはなか。そのかわりいつでも日の丸ば胸に収めて、民間外交ば堂々とやりなさい」

民間外交ということばは日露戦争後くにの外でつかわれ出した。娼楼のあるじなども娼妓を酷使するときにつかった。が、売られた経験のあるヨシには、そのことばは特別の意味をもっていた。

「あしたから、わたしをドクターといいなさい。治療着はこれ、服は白のドレスのほかのもんは着てはいかん。そのかわり休みには振り袖のきものでもなんでも着て、せいいっぱい化粧してゆっくり遊びに行きなさい」

ジャパニーズ・マッサージ医院。院長、ミセス・ヨシコ島木。看板にはそう書かれて開業となった。六階建てのビルの二階が治療室であり、三階が食堂や休息室。四階が従業員の住まいである。ヨシの店の従業員は、三人の日本人の女と、四人のインド人の娘、それにコックとボーイが一人ずつ、またアヤとよばれる下働きの女も同居した。日本人会へも挨拶《あいさつ》に行き、おもだった人びとを治療に招待した。ジャパニーズ・マッサージは電気マッサージと指圧を併用したものに、ヨシの考案を加えたものであった。

店で働く娘のなかにマサという少女がいた。ヨシが天草からよびよせた子であった。牛深湾の小島に祖父母とくらしていたマサを、ヨシはきびしくしつけた。

「おまえはまだ若いけん、あねさんたちと同じにはされんよ」

マサには映画などにもいかせなかった。が、ほかの娘たちといっしょに髪を結ってやったりして、

「よう似合うよ、マサ。嬢ちゃんのようだよ」

といってかわいがった。

「マッサージを覚えるのは、ますこし太《ゆ》うなってからにしようね。おまえは花をいけてかざっておくれ。わたしは白い百合《ゆり》が大好きじゃいけん花屋で買うておいで」

ヨシはもじもじしているマサをつれて花屋へいった。英語とヒンズー語とをつかって腕いっぱいの白百合を買った。それをマサに持たせて、

「もうわかったろうけん。あしたからひとりできなさい。花の係りはおまえばい。おまえが好きな花を買うて、好きなようにつぼにさしなさい」

といって、なにやら店の者に話し、さっさと電車道へでてしまった。マサは汗をぬぐいもしないで、ヨシの白い治療着の背を追った。


こうしてくらしているうちに、かの女が心のささえにしていた日の丸や民間外交が試練にたたされるようなことがおきた。

ある日、評判をきいたからといって、インド人の王さまの使いがやってきた。独立藩王国のほとんどはイギリスに征服されていたが、それでも王侯は隠然とした勢力をもっていた。日本の女でそれらの王のもとへ売られたものもいた。王は百人から二百人の女をもち、その子の数は王自身は知りもしないと噂されていた。

「迎えが来て朝までに帰った女なんて聞いたことがないよ」と、年長の娘がささやいた。

「ことわりましょう」

マサたちがいった。

「だいじょうぶ。もし朝までにわたしが帰らなかったらとどけを出しなさい」

ヨシはガウンの下に懐剣《かいけん》をいれ、「心配しなさんな」と肩をたたいて出た。

娘たちはそれぞれ不安そうに車を見送った。

ヨシの車はボンベイの街を駆けぬけ、レンガ造りの堂々とした教会の前を通り、貧民のバラックのそばを埃《ほこり》をたてて走った。しだいに村里らしい風景となる中をヨシもまた草むらのコブラに要心するような身がまえで運ばれていった。

店の娘たちには、

「日本の女にかるがるしく手を出せる王さまはいやせんばい。いまジャパニーズ・マッサージ医院のミセス・ヨシコに手を出してごらん、イギリス政府がだまってはおらんよ。あんたどま気を太うもっていなさいよ」

といいはした。けれどもやはり懐剣をふところにして出てきたのである。人を刺すためではない。わが身のふがいなさを感じた瞬間に必要だと思ったからだ。

ようやく王邸に近くなったのか、胸にぴらぴらと飾りをつけ、赤いだんだらの旗をもって馬にのっている者が待っていた。車は池に面したあずまやのような建物の前でとまった。

とおく木立ちの間に大宮殿の屋根がみえていた。ヨシは、やっぱり王さまだなあと感心した。控え所から王さまの居間がある宮殿までまた車にのせられた。

ヨシが長いじゅうたんの廊下を歩いていたとき、むこうの建物で女の悲鳴がした。ヨシはおどろいて立ちどまり窓へ寄ってみた。庭むこうのへやに若い女がしばられていた。

「どうしたのです？」

「あのお方は昔はよその王さまの娘でした。ここの王さまにほろぼされたのです」

と案内の女性が答えた。

「戦争があったのですか？」

「いつでもあります」

どこで、いつ行われているのだろう、とヨシは不安に思った。

扉をひらくと、広いへやに目つきのするどい年配の男が中央の椅子にかけていた。五、六人の男や女たちと雑談をしていた様子であった。ヨシはにこやかに礼をした。

「ジャパニーズ・マッサージ医院のミセス・ヨシコでございます。治療にあがりました。わたくしどもの仕事が王さまのお耳に達し光栄に存じます」

と英語で挨拶をした。

「椅子にかけよ」

と王さまは土語《どご》でいい、年寄った男が英語で、かけなさい、といった。

「ありがとうございます。が、いま医院に多くの患者さんを待たせています。王さまの治療が終わりましたら、その人びとをみなければなりません。またゆっくりとお招きにあずかる栄誉を得ることができますように。きょうはすぐに治療にとりかからせていただきます」

とヨシは会釈をして王を待った。王はゆっくりと立ってヨシにむこうのへやに移るように手をあげた。

ヨシは王の衣服を白衣とかえるように指図し、小間使いに手伝わせながら器具をそろえた。ていねいに治療をはじめた。さきほど雑談をしていた者たちがやってきて、ざわざわとのぞきこんだ。珍しげに指圧をまねたりした。ヨシに指圧のつぼを圧《お》されて思わず王さまは声をあげた。人びとが笑った。治療は終わった。

「とてもおもしろかった」

と王さまがいった。ヨシは治療費をおことわりをし、「どうぞ、ジャパニーズ・レディをお忘れにならないように願います」と礼をして車にのった。やれやれであった。

かの女のなかに、いつのまにかジャパニーズ・レディという意識が芽ばえていたのだった。

ボンベイは西欧ふうの都市で、ヨシもすっかり洋服が身についていて、大ぶりのブローチだとか腕輪だとかがよく似あった。色白で肥えていて、指をのばすと手の甲にえくぼが並んで外人の女にひけをとらなかった。

それでも正月にはヨシは娘たちに振り袖の着物をきせ自分も和装をした。娘たちにはいつも化粧をさせなかったので、この日は紅化粧のひとそろいを買いととのえてプレゼントし、

「外国人が、ほう！　というごときれいにして、遊びに行っておいで。ジャパニーズ・レディだよ、あんたどま。いいね。髪も結ってあげよう」

と大きなリボンで飾ってやった。アパートの住民や主だった客に挨拶にまわらせて、娘たちをたのしませた。インド人の娘たちへも同じように接した。市内には日本人の色街があり、ヨーロッパ人のあいだには、日本の女を商売女とみてしまう傾向があった。そのためヨシはことさら娘たちに白衣をきせた。

イギリスの軍艦が港に入った日は、巷はにぎやかだった。ある日、多少の酒がはいっているイギリス人水兵が、三、四人でやってきた。マサたちがひとりずつ治療

台にあげてマッサージをしているとき、順番をまっていた水兵がマサに抱きついた。

その場にいあわせたヨシが、ものもいわずに水兵に平手をくらわせた。水兵の帽子がとんだ。よろめいたかれは、立ちあがると、

「おれをだれと思うか。イギリスの軍人だぞ」

とどなった。つれの水兵たちも、とびおきると青くなった。その場が緊張した。

ヨシはすっと前に出ると、

「おまえこそわたしをだれと思っているのか。ジャパニーズ・レディですよ」

といって水兵の目をみつめた。やがて帽子をひろうとかれに渡しながら、

「どうぞ出てお行きなさい」

とドアーをさししめした。だまってヨシをにらんでいる水兵をなだめて、同僚たちがつれて出た。人びとはほっとし、仕事へもどった。ヨシはなにごともないようすをしていたが、マサはあのときのヨシの、怒りのまなざしと、きらと涙をうかべていた横顔とが忘れられなかった。

ヨシは多くの客のなかで、ガンジーを最も尊敬した。当時ガンジーははだしで、白いインド服を着て、坊主あたまで農村をまわっていた。ガンジーの行く先ざきでインドの農民たちは先をあらそうようにして、その裸足のつまさきにふれ、頭を土

につけて、ガンジーに信頼と感謝の念を捧《ささ》げていた。

「インドは自分のくにをうしのうたけど、きっとまたとりもどすばい。みとってみろな。ガンジーのようなえらか人が、自分のことはなりふりかまわずに、いっしょうけんめい説教して歩きよらしとるけん」

ヨシの医院にガンジーの使いがたびたびマッサージの依頼にきた。ヨシは何をしていても止して、迎えの車にのった。マサや、ほかの娘などにカバンをもたせると、

「今度はおまえをつれていこう。行儀をよくして失礼のないように気をつけなさい」

という。インド人の娘など涙をうかべて緊張した。ヨシに感謝した。

ガンジーはそのころ、ロンドン円卓会議を終え第二回不服従運動中であった。ヨシは心ひそかに協力しているつもりだったという。

迎えの車は郊外にある六階建ての邸《やしき》へすべるようにむかう。正面から居間までふわふわした絨緞《じゅうたん》が敷きつめてある。ガンジーは治療のあいだ本を読んでいたり、目を閉じていたり、だれかと話をしていたりする。ヨシはただ黙々と治療をする。最後まで口をとざしている。ていねいに礼をして隣室にさがる。そこで茶をいただく。いつかガンジーが「ジャパニーズ・マッサージはたいそう調子がいい」といったと

おそばの者からきいた。ヨシはそれを忘れない。

治療費はもちろんいただかない。「どうかお体をお大切になさって、インドのためにつくしてくださいますように」と使いの者にいう。そしてヨシは心から満足をし、緊張をときほぐす思いで車に身をまかせる。無言のなかで民間外交を果たしてきたという気持ちになる。

かの女は民間外交ということばのなかに、娼楼ぐらしからのすべてをこめているようだった。売られていったこと。広次に棄《す》てられたこと。アジアのどこにでもある色街のこと。くりかえしそこに追い落とそうとする男たちのこと。ヨシにはそこへ売られた女の孤独がしみついていた。ヨシは民間外交をすると、そのような汚辱がうすれてでもいくかのように、そのことばを好んだ。ガンジーのマッサージのあとはことに気持ちが晴れるのか、

「こんな気持ちにさせられるお方はほかにはいないねえ」

といった。

ヨシはネルーの治療にもうかがっていた。ネルーはガンジーとはたいそう違う印象をうけた。ヨシはあまりしたしめなかったようである。

ガンジーの治療からかえった日の夕方とか、その翌日に、記念にと銀のつぼなど

がとどいた。あるときは、カップが贈られた。ヨシはすっかり恐縮して記念品を収めるケースをつくらせた。煙草《たばこ》の灰皿セットだとか、花立《はなたて》とか、内側が金で外は銀などという品物だった。ガンジーの胸像をおくられたこともあった。

このまちでも日本人は優遇されだした。ほとんどの人は二階建てのバスに乗るよりも、車をつかった。日本人の恥だとヨシなどがおもう女郎屋のおやじまで、はだしで歩いているインド人らよりも優遇されていて、ヨシは時折マサたちに嘆いた。

「くにあってようしてもろうとるのに、いばってから……」

と。そして娘たちへ、

「あんたどま自分がえらいけんインド人がいうことをきくと思うたらいかんよ。日の丸のいうことをあの人たちはきいているのだからね」

と、なにかことあればいましめた。

くらしがたつようになってヨシは結婚した。あるイギリス系の船会社の事務長であった。ヨシとおないどしの四十五歳、学生時代に事件をおこして父親から勘当され、東南アジアを転々として二十年になるという。名を秀則といった。が、結婚しておちついてみると子どものないことがさみしい年齢であった。秀則に相談して、ヨシは甥の子を天草まで引きとりに出かけた。

三つになる女の子であった。その洋子はインドゆきの船のなかですっかりヨシになついた。こうしてヨシはようやく人並みの平凡な日々を手にした。

が、そのころからボンベイのようすはすこしずつ変わっていった。日本人に対する人びとの態度が、どことなくちがう。卵のからでもかぶったように奇妙にこつりとしだしたのである。満州事変がおこったり、満州国の承認などで日本の国が国際連盟で孤立したりした。そして連盟脱退のころは、したしいイギリス人などは、そのしたしさゆえに顔をだすのをひかえてやってこなかった。時に顔をみせるイギリス人クラブの人などや、あるいは街で会うインド人などに、

「日本はどうするのでしょうね。わたしは日の丸がけがれないようにと願っているのですけれど」

と話しかけた。かれらは、

「わたしたちも日本が孤立しないように願っていますよ」

といってくれた。が、事態はヨシの思うようにならなかった。しだいに世間がせまくなっていった。ヨシはあらためて母国の重さを感じた。

昭和十（一九三五）年になって、夫が突然モンバサの支店長に転任を命ぜられた。

英領東アフリカである。とおまわしの辞職勧告であった。秀則はこれを機会に会社をよした。英字新聞は、日本が中国へむけて出兵の準備をしていると書きたてた。ほんとうかどうかヨシたちは判断しかねた。

「いまが引き揚げどきではなかでしょうか」

このインドの、これだけ多くの民族や人種のなかで、民族としての信頼をなくしたら、個人の力なぞ、もののかずでないことをヨシたちはよく知っていた。整理をいそいだ。

長崎に着いた。

日本人だけがくらしているのが、なにか奇妙でしっくりいかない。電報を打っていたので郷里から兄弟が家族とむかえに来ていた。みんなで長崎の旅館にとまった。

その夜、夫が急にくるしみだした。町医者が長崎の医大への入院をすすめた。長崎医大では、心臓の手術のために福岡の九州帝大病院に紹介してくれた。一等車で夫につきそいながらヨシは祈った。九大に入院したが、夫は手術する間もなく、亡くなった。日本上陸後、五日めだった。

なにがどうはこばれていくのか、ヨシは夫がいなくなったうつろな心で、人びとのするがままになっていた。住むところもなかった。亡くなった秀則が関東の人だったので天草へもかえりかねて、ヨシはそのまま福岡に家を借りた。母国はヨシのインドでの努力をあざわらうかのように、孤立を誇り、戦争へはいっていった。ヨシは数年たってけっきょく天草へ引き揚げた。

いよいよ日本がアメリカとたたかいだしてからは、

「日本はアメリカには勝たんど。日本は三年も持ちきるもんじゃなかっど。えらか人はなんば考えとっとじゃろうか。日の丸のおかげで助かっとる者は外国にどがしこおらすとかわからんとに、ばかなこっばして。外国へ行ってみればわかっとに。こがんこまんか国が世界の白眼ばうけて、なんのよかこっがあろうか。日の丸ば、よごして」

とふんがいした。初老期の女の取越し苦労だと人びとは慰めたが、「わしらがどげえ民間外交ばしたっちゃ、国がそればよごしてしまうなら、わしらの仕事は国に殺されよるも同じこっちゃ」というばかりだった。それでもいよいよ日本が勝ちそうもないというヨシの予感が現実になりだすと、家のなかにあった金銀銅その他の製品のぜんぶを戦闘用品の原料に供出するといって持ち出した。

「国んことを悪ういうても、わしらは日本あってのわが身じゃいけん、国の難儀ばほうたらかしとくわけにはいくまいが。よかよか、みんな出しなさい。ガンジーさんでちゃ、わしが心はわかってくれとらすけん。あのおかたは国がのうなったことがインドの不幸と、いわしたけん」

ヨシがガンジーから贈られた品物もすっかり差し出したのをみて、町の人びとは惜しがって相談をはじめた。そして由緒ある品々を一般の目にふれさせてのちに、戦争協力につかってもらうことに決めた。幕を張りめぐらしたコンクリートの会場のガラスケースに、ガンジーの胸像をはじめ、金製の宝石箱や、銀製の灰皿や、つぼやカップなどが、治療の日付をきざみこまれたまま並んだ。三日間、記念品は展示された。

最後の日、会場をしめてから、ヨシは人びとに礼をいった。そして、これらの品々をいま自分の目のまえで打ちくだいてくれるように、と頼んだ。

「どうぞこわしてはいよ。心に未練がのこるけん。品物は惜しゅうはないが、昔のことに未練が残っちゃ国に奉公にはならんけん、すまんばって目のまえでこわしてはいよ。

みんなの目のまえでうちこわしたなら、あの品がのうなったの、この品をだれかがかくしたのと、いわれんですむでしょうが」

人びとはヨシの前でそれらに鉄槌《てっつい》をうちおろした。誇りをかけていた仕事のかずかずが、ヨシの目の前でむざんにくだかれていった。

敗戦となった。やがて洋子が妻子のある男とかけおちした。熊本の遊び人だった。洋子はみるまにやくざな様子にかわって、迎えにいったヨシをせせらわらう。幾度か説得したあげく、「おまえはもうわしの目のまえにでてくれるな」といい、籍もわけてしまった。

「洋子は死んでしもうた」

生きて築いてきたかに思えたすべてがなくなった。日の丸をささえにして、やっとわたりあるいた海のむこうでの孤独な日々、売春の痛みを白衣ひとつでのりこえてきた歳月、それでもなお追いかけてきた男たちの目、やっとつかんだ結婚と養女。みんな、すべて、うしなった。なにひとつのこっていなかった。

「子持たんものはこの世のやみじゃ……」

ヨシは近所の女たちへそういった。ヨシが海をみにいく日が多くなった。いつまでも海をみていた。

それはもう汗ばむくらいの陽気の日だった。ヨシはいつものように玄関に水を流したあと、その敷台に腰をおろして風をたのしんでいた。そこにちいさな女の子が、まだよちよちする足どりではいってきた。手をのばしかけて、はっとした。

「洋子！」

ヨシは走りでた。せんだんの木のかげにかくれるようにして、破れ沓《ぐつ》をつっかけた洋子が立っていた。ヨシは涙をあふれさせ、家のなかへ引きいれると、ものもいわずに茶碗にごはんを盛った。

その洋子に家財のめぼしいものを渡して、孫にほおずりをすると港に送りにいった。競輪に賭けてろくろく家計をみない男のもとへ、洋子はやっぱり帰るという。それでもヨシの表情は和《なご》んでいた。

庭いちめんに白百合が咲いた。ヨシはひろい庭いっぱい百合をつくって、人びとにわけていた。ボンベイの治療室の壺《つぼ》にあふれるようにさしたが、そのときも腕にかかえられるだけの白百合をもって、夫の墓に詣《もう》でた。亡くなった前夫、ヨシを棄てた広次の墓にも供えた。

白いドレスを着て、色白で肥えたヨシが海をみる日が、また、多くなっていった。

「海はよかなあ、いつみても」

といって帰ってくる。盆ちかく洋子が来た。

「洋子と買物に行くけん、たのむばい」

「あれ、洋子ちゃん来とったなあ。そりゃよかったなあ。ゆっくり行ってこんねえ」

とむかいの家のミトシは送りだした。手をふって親子で出ていった。

その日ヨシは壺を買って帰った。白い壺であった。洋子は多少くらしが安定したのか、身なりをととのえていて、表情も明るかった。ヨシは洋子に小型トラックいっぱいほどの家具をもたせ、波止場まで行き、洋子の船がみえなくなるまで手をふった。金の指輪も腕輪もしていない。洋子にやった、といった。

盆がすぎ九月にはいった。十日の夜は月が明るかった。ヨシの家は二階も下もあかあか電灯がついていた。ミトシは「お客さんが来とらすとばいね」と家人にいった。

「そればって、ばあちゃんは外に立っとらすよ」

と孫がいった。ミトシも涼みがてら外へ出た。

「やがてお月夜ばいなあ、日がたつのは早かね」

とヨシに声をかけた。

「早かなあ。なんもかんも夢んごたるなあ」

ヨシは空をみていた。ミトシが家に入ってからもヨシはいつまでも立っていた。

「ゆんべの十二時に、ヨシキトクスグコイち電報が来たけん、びっくりして朝の一番で来たばって、おばさんの家は鍵のかかっとるごたっど」

ミトシの家に、ヨシの甥の嫁が顔いろも青ざめさせてやってきた。ヨシが二階も下も灯《あかり》をともしていた十日の夜から一日おいた十二日の午前であった。

ミトシは、はっと思いあたる気持ちで嫁たちとかけつけた。家は玄関も縁も内から閉めてあった。雨戸は釘づけてあった。ミトシらはとってかえすと釘ぬきその他を持ち出してこじあけるとなだれるように家へ入った。

家のなかはまっくらであった。畳が上げてあるようだった。灯をともし雨戸をあけて昼の光をいれた。広い家のなかはしんとしていた。

ヨシは座敷でねていた。あたらしい絹のふとんのなかで、すでに虫の息であった。人びとは声を殺した。家のなかはすっかり片づけられ、拭きあげられて光っていた。ちり一つおちてない家の座敷で、白無垢《しろむく》を着て、白い手甲《てっこう》や脚絆《きゃはん》をつけて死装束をしたヨシがじゅずを手にして目を閉じていたのである。ふっくらとした顔のまま目をしめていた。両足をきりりと白紐《ひも》でしばり、身動きすらしていなかった。ぜいぜいと胸の奥が鳴っていた。

枕もとの机に白菊の花が一輪さしてあった。白い布で包んである壺がひとつ。洋子と買いに行った白磁《はくじ》の壺であった。位牌《いはい》とロウソク、線香、じゅず。頭の下にインドから持ちかえった槍《やり》をしいていた。するどく光っていた。

髪も染めなおし、枕カバー、シーツ、ふとんカバーも新品であった。ミトシがそっとほどいてみるとふとん綿もあたらしかった。

枕もとに遺書が二通置いてあった。葬式用の費用が四万。ちいさな手さげに小銭や指輪、さんごの羽織紐だとかブローチなど。そして足もとに自分の死体を清めてもらう消毒薬、消毒綿。洗面器の新しいものがおかれていた。

荷物のすべては整理され、それぞれに贈り主の名を書いた荷札がさげてあった。一斗樽《いっとだる》いっぱいの花は養老院行、茶碗《ちゃわん》類、ざぶとんも養老院行、畠仕事につかった鍬《くわ》なども紐でしばって養老院行というぐあいに。風呂に入って最後の髪を染めたらしく、それらの道具を、洗いあげて光っている金だらいのそばに置いていた。風呂も湯を流し洗いあげてあった。下着が洗って風呂場の竿《さお》にかけてあった。

流しもともいっさい始末してあった。汚れた皿一枚なかった。潔癖な人で肌着ひとつになる人ではなかったが、あまり見事に始末されていて、人びとの胸は迫った。

雨戸をあけ、泣きながらミトシが庭に出てみようとすると、敷石のうえに下駄が荷札をつけておいてあった。洗いあげた下駄に、達者な筆で、養老院行と書いてあった。

天草灘

春あさい天草の、北のはずれの岬をゆくとふしぎな海のすがたに出会う。細い岬の、東がわの海のようすと、西にひろがる海とが、まるで昼と夜ほどもおもむきがちがう。東の海は、空も海も乳色にけむってとろりとしている。ところが西の海は、東シナ海を吹きわたる風をまともにふくんで、荒あらしくうねりをあげ、しぶきを放ち、くろい色をして岬の岩にうちつける。天草灘である。ここには鱶《ふか》がいて、地元の人たちは鱶狩りをする。

このふたつの海が、岬の道を両がわから洗っている。

ふたつの顔をした海が左右にみえだすと、わたしは妙に落ちつかなくなる。どちらか片方であってくれればいいと思う。が、どちらとも天草の海である。そしてどちらも天草のこころを伝えてくる。

海の荒れる日、わたしはここを訪れた。岬の突端は小さな山になっていて、そこにふるい社《やしろ》がある。年配の漁師とぼつぼつ話をしながら波打ちぎわを歩いた。海にむかった家いえは板戸を閉めていた。漁師の家は数多くない。

この荒磯に、むかしは年に一度、村びとすべてが集う祭りがあった。盆の船祭りであり、祖先祭である。漁師たちは遠出の漁からかえってくる。船を飾りたてて、船漕《こ》ぎをきそった。たのしいものだった、と、汐《しお》でやけた顔を海にむけて老いた漁師がいった。

年に一度の祖先祭にもかえってこない人がふえてきて、いつしかそのならわしも消えた。

わたしは荒れる天草灘に背をむけることをためらう。とろりとねむっている海をみるのがなぜかつらい。空までけむり、いかにものどかで、たまらなくなる。けむっている海のむこうに島原半島があるはずである。むかしはここで桜鯛《さくらだい》の漁がさかんだった。そんなのどかな海峡をとおって、明治のころは外国船がいくらもやってきた。対岸に口之津《くちのつ》の港があるからだが、盆にもかえらぬもののはじまりは娘たちだったのかもしれぬ。

ふたつの海にはさまれた岬をあるくと、おヨシを天草灘にむかって立たせてやりたくなる。桜鯛もすくなくなった内海にかなしみを流したあと、くりかえし、荒あらしい海原のほうへその思いをむかわせてやりたい。三十なかばのおヨシが、ふたたびこの海原を越えたときのように。

わたしが天草を歩いたとき、フィリピンからかえってきたという老女の話を聞いた。

「外国にいったもんはなんぼでもおらすよ。おトヨさんは上海にいっとらした。もう死なしゃったばって、おトクさんはインドにいっとらした。石のお釈迦《しゃか》さんば持ってかえらした。寝姿のお釈迦さんばい。

外国ではおなごのしごとをしよったと。

わしの叔母《おば》さんはプノンペンにいっとったが、とうとうかえらんずくばい。日本人の歯医者さんといっしょになって、プノンペンでくらしとったばって、もう死なしゃった。そのあと、叔父《おじ》さんはカンボズ人の嫁さんをもらいなったから、もうカンボズ人になってしもうところの」

海を渡る者たちは口べらしの出稼ぎであったから、ふるさとへかえってきても分けてもらえる田畠《たはた》はない。からゆきから帰ってしばらくすると、また出ていく。だからこの老女が語る人びとのように、渡った先でそのままくらすことができるなら、それはそれでさいわいだった。カンボズ人になろうと、フランス人になろうと。

　おサナという名の知れたからゆきさんから、わたしはフランスの小学生がつかっていたという教科書をもらったことがある。おサナはプノンペンでフランス人の官吏にひかされ、「主人が役所にでていったら、あげな商売しよった女ばっかし集まって、花札しよったばい、することがなかもん」というくらしをしていた。このおサナおばあさんがこんなことをいった。

「わしは結婚したけどな、あとからきいてたまがったばい。わしはもう日本人じゃなかげなもん。主人がホテルで死んで、子はなし、天草にかえってきたばって、たまがったねえ。わしは外国人げなよ」

　明治のころにふるさとを出たからゆきさんには、いまの日本人のようなクニの観念はなかった。ふるさとがあるばかりで、海のむこうは唐天竺《からてんじく》だった。そこで結婚をすると日本人ではなくなるということなど、なっとくがいかないのだった。

　おサナはフランスの田舎《いなか》で夫とその母とくらしていたが、「わしのごたる田舎もんには住みよか田舎じゃったばい」といった。天草もフランスも、かの女にとってはさしてかわらぬ人の世だったのである。

　先進国フランスにあこがれるのは、また別の世界の人たちだった。からゆきさんは村むらで「郷にいれば郷にしたがう」というこころで生きていた。おサナをはじめ、海をわたったからゆきさんはそのことばのまことのこころを知っていたのかもしれぬ。わたしなどには忍従を強《し》いるものとしかきこえぬけれども。からゆきさんのなかには海のむこうの郷にいり、汗水流して働くそこの土壌に降りたつことができた人もいる。そしてそれは、ふるさとに埋もれるようなよろこびとなるのだった。

大正のはじめごろ、英領北ボルネオに、行商にいく日本人がしばしば世話になる華僑《かきょう》の家があった。女房はおフネといった。エン・ワットとよぶ夫といっしょに食料品をあきなっていたが、この家には子どもがたいそういた。十歳にならぬ子らが五、六人走りまわっていた。混血の子らで、みな、だれかが産んだ子どもたちを引きとったのだった。おおぜいの子どもにとりまかれて夫妻はにこにこしていた。ことさらわけあって子らをもらっているのではありません、と、おフネはいった。

「支那人の御亭主に日本人の女房、而《しか》してもらつた子供が五・六人から成立するこの家庭の国際的な所、何所か大きな所、のんきな所、親しみのある所、而して無頓着な所が馬鹿に気に入つてしまつた」

石井健三郎は『南洋雑記』にこうしるしている。

このおフネ夫妻の姿は、あるいみで、からゆきさんの理想像のようにもみえてくる。

からゆきをするときは、ふるさとへの送金が目的である。それでもふるさとの親たちがなんとか食べてゆけるようになると、だれもわが身のゆくすえを案じだす。一度は里がえりをする。が「自由を得て故国に帰ることあるも、又来りて売笑を事とす」（竹越与三郎著『南国記』）。

かの女らは永久に口べらしの道をあるかねばならない。出稼ぎから移住へと生きねばならない。落ちつき先を心にさがす女たちに、ふるさとの水があわなくなるのだろう。ながらく、くにの外にいて、数カ国のことばを話すようになり、心に描くふるさとと現実の故郷とはどこかがくいちがってくるのだろう。そんな女にとって、おフネ夫妻の生き方には心ひかれるものがあったのではあるまいか。

マレイ半島のある町の娼街に、お松という女がいた。お松はアジアの各地を流れていたので、いくつものことばを話した。「英語仏語露語馬来語支那語日本語長崎語、就中《なかんずく》日本語が一番上手だ。『サア、モッシュル、ボートルサンテー』と杯をあげる」（『南洋雑記』）

お松のように数カ国語をまぜて話すからゆきさんの姿は、いろいろな見聞記にでている。おフネはそのような体験をゆがませず、さまざまなくにの人と家庭をつくり、すなおにのびのびとくらした。ちょうどふるさとが棄て子や捨て猫をも生かすように。心をゆるしたものたちと肩をよせて。

ふるさとを出て、どこかで食べてゆかねばならない人びとの「民間外交」とは、このようなものであり、このような世界を夢みてのことではなかったろうか。生きている人間たちへのやさしさ。冷えているからだやこころを、肌のぬくもりであたためてやらずにおれないおもい。

おフネは華僑や混血児にかこまれて、さながらインターナショナルな家族をつくりあげた。おヨシはクニをなくしたマレイ人たちのあわれな姿をみて、民間外交を大切につとめながら日の丸として生きようとした。どちらともまずしい孤独な女が幻想を後生大事に、いつの日か現実のものにしようと生きていた姿である。

しかしおフネやおヨシは、自分のおもいが名もない女の夢まぼろしだったことを知らされるときがくる。戦さに敗れたふるさとでおヨシは死をえらんだ。だれをうらむこともなく、海に思いをはせながら。

「海はよかなあ、いつみても……」

それでもなお、わたしはおヨシを船出させたくなる。ボルネオに逝ったおフネへむかって。おフネに子らをあずけて死んでいった名もない女たちへむかって。

海に流れている無数の沈黙。玄界灘《げんかいなだ》にながされた十二歳の少女のなきがら。多田亀に放り棄てられた娘の死。そのかぞえきれぬ魂がえがいた民間外交の未来図をひろいあつめ、その吹く風のようなこえごえにおヨシたちと耳をすませたい。

まだクニの観念などなかったころ、人びとはのびやかだった。おフネは北ボルネオの海ぞいを旅する人たちを、だれでも泊めてせわをした。アジアのさまざまな人に接してきたから、そのようにわけへだてのない生活ができたのだろう。

実は、そのようなくらしへむかってひらいていく感性を、からゆきさんの多くは、ふるさとを出るときからもっていたのである。村の若者宿や娘宿でそだてられた心情をもち、人から人へかようこころのあることを信じ、だれかがくらしているところなら、唐天竺であろうとも生きていけぬはずはない……と、かの女たちはふみだしていったのである。親代々よそへ稼ぎにいっていた村むらがつたえてきた開放的な気質である。

くらしのなかに他人や他郷をうけとめることをたのしがる、おおらかな感性が流れ、異郷とのまじわりをおもしろがる、ひらかれたこころがあふれる。天草にかぎらず、西日本の海岸や島じまには、清韓を海のむこうにひかえているせいなのか、ながらく和寇《わこう》や水軍が海上をゆききしたためなのか、渡海をおそれる気風はすくない。

つぎの文章は『南国史話』の「的山《あづち》大島の一夜」の一端である。的山大島は平戸島の先にある。

「艶《なまめ》かしい女のさざめきが海風に連れて聞えて来る。村の小学校で編纂《へんさん》した郷土誌に『貸席業者数戸あり、且娼妓芸妓等酌婦《しやくふ》ありて社会風教上悪果を流すと共に、或《ある》一部分の父兄は男女合宿所の存在を是認して風俗を紊《みだ》すを意に介せず、花柳《かりゆう》病の多き実に是に起因す、或一部分にては我子を娼妓となして恥ぢざる風あり』と記して居るが、これは余程消極的に記したのであつて、或一部分といふ言葉は修正を要すると思ふ。的山大島の女子は十五六歳になつて女にならなければ恥辱であると考へて居る。十八九歳になれば公娼となつて盛に各地に出稼する」

これは大正八年ごろのようすで、著者は長崎高等商業学校教授の川島元次郎である。女の職業はすくなくて、娼妓になるよりしかたのない世の中であったわけだが、それでもこのあたりには、その奉公を手がかりに活路をひらこうとするバイタリティがあった。ちぢこまって泣きぬれていたわけではなかった。

おサナは、娘のころ親から結婚を強いられ、それがいやで家をとびだしてからゆきとなっている。

「うちは道楽もんじゃいけん、嫁さんになるのがいやで逃げてさるいたと。紡績のごたるとこは性にあわんもん。そいで牛深の料理屋へいって、奉公しよったら親せきのもんが店に来てな、みつかりそうになったけん、またとび出したと。はだしで店とびだして、どんどん逃げたばい。おなじ奉公なら外国がよかけん、友だちと四人でいったとばい。親にみつからんごと、逃げてさるいて、とび出た先がカンボズじゃ。あはは」

　おサナは二十五になってフランス人にひかされたから、笑っておれる。が、笑うに笑えぬたくさんの女たちがいた。誘拐されて売りとばされたのだが、その娘たちもだまされるかもしれぬせとぎわを、それでも万にひとつの賭けをするようにふみだした。ふるさとがあまりにまずしいから。そしてまた、他郷をおそれぬ気質をふるさとがはぐくんでくれたから。さらにまた、冷えた他人の手をふところにいれて、あたためてやるようなやさしさを、その風土がはぐくんでくれたから。

　童画のようにけむる内海と、うねってやまないくろぐろとした天草灘と、まったく相容《あいい》れない気質をふたつながらそなえている娘たちを、そのおもむくまま思いっきりはばたかせてやりたくなる。おヨシのみごとな自死は、それをのぞみながら志かなわなかった村娘の、切ない思いをつたえてくる。

他郷へむかってためらわぬ気質は今となってはめずらしくない。けれどもかつての村むらは、村のさかいに、さえの神を祀って異郷のわざわいがはいってくるのを防いだほど、村のそとに対して心を閉ざしていた。まずしい村は日本にはいくらもある。が、からゆきをごく自然なこととして、プノンペンだとかカンボズだとか、ききなれぬ地名が日常にとけこんでいる土地はそう多くはない。からゆきには経済的な理由がなによりも大きいけれど、それ以上にまずしさを海外出稼ぎでのりこえようとした村むらの気質に、わたしは思いを馳《は》せる。

天草は近世のころも、そのあと明治にはいっても、堕胎や殺児がなかったという。日本の村むらはどこでもそのような間引きをして人口をととのえてきた。でもここはその風習がなかったという。そのために人口がふえすぎて、他国への出稼ぎなしにはくらせぬようになった、という。

殺児のならわしがなかったのは、この天草や島原がキリシタンの聖地だったからだと考えられている。天草の乱では天草の島じまや島原半島では、どの村も村びとがたくさん戦死した。全滅にちかい村がいくらもあった。あまり村びとがへったので、田畠をつくることもできなくなった。村がなりたたなくなっていたのである。

そこで幕府は全国の藩に命じて、天草と島原とに、各藩から数戸あるいは数十戸ずつ、農家を移した。いうならばみんな異郷の人ばかりが、ひとつところに顔をそろえたのである。そしてあたらしい村をつくりはじめた。殉教者の遺族や、棄教者や、キリシタンなどまるで知らぬ人や、風習もことばもちがう諸国の人びとが、なんとかいっしょにくらしていかねばならない。天草のぜんぶ、島原半島の全体が、新開地のようになった。しかし土地にはしっとりとキリシタンの血がしみている。そのたたかいの痛みがのこっている。天草や島原はそんな地方だった。

こうしたことがそのまま、この地方の気質の一端にかかわったというわけではない。また天草では海岸のほうと内陸とではたいそう気風がちがう。漁民と農民とは通婚しない伝統があった。島原半島も南と北とではことばも風習もちがう面があるし、やはり農漁民のあいだのかかわりはあさかった。藩制時代に農業漁業の兼業がゆるされなかったせいでもある。

こうしたちがいをもちながら、それでもどこか共通しているものがある。たとえば博多の商店などが、店で働く人を求めるとき、天草の子が来てくれるといいけれど、とか、島原の人がほしいけれど、などという。それは出稼ぎのながい伝統をとおして、この地方の人びとの気質をしり、それへの信頼が生まれているためである。そしてその地方の歴史をたぐっていけば、キリシタンとか諸藩からの移住とかにゆきあたる。

おキミやおヨシの出身地の天草は、明治までは天領だった。どの地方の天領もそれぞれ特色をもっていたが、天草では武士によって直接に支配されることがないかわり、村びとのくらしを左右したのは、銀主《ぎんしゅ》たちだった。かれらは長崎を取引きの場とする商業の独占階級だった。城のように大きな館に住んでいた。天草の土地は数人の銀主たちによって占有されていた。かれらは金貸しもしていた。

この銀主たちに天草はあやつられながら維新を迎えた。百姓一揆《いっき》や打ちこわし、強訴などの多くは銀主の横暴に対するものであった。天草人の気質には武士の直接支配をうけることのなかった、島全域天領のくらしが影響しているかもしれない。村役人にさからったり、その計理を監視したり、禁じられていた羽織をきて村役人なりと申したててお白洲《しらす》にあらわれたりする農民がいて、幕末には銀主や役人の計理のごまかしを解決するほどの力をたくわえる村びとたちもあらわれていた。

これらのことを考えあわせると、それがすべてではないにせよ、この天草から唐天竺をおそれず海をこえた人びとをたくさん出したのもうなずけるのである。

そしてこうした風土のすぐそばに、開港地長崎があったわけである。幕末から維新直後にかけて長崎は京以西の江戸であった。

慶応四（一八六八）年三月、長崎に九州山口一円を治める九州鎮撫《ちんぶ》総督が着任した。そしてすぐに御諭書というものをだした。長崎のほかに神奈川や箱館などの港もひらかれ、徳川幕府は大政を奉還していた。天領地長崎の奉行や江戸からきていた役人などは、地元の人びとの反撃をおそれて、夜こっそりと外国船にのって脱走したあとだった。

この御諭書は九州山口の人びとに、天子《てんし》サマとはなにかを教えたものであった。

「……サテ一新ト云ト一寸考ルト手ノ裏ヲカヘスカ又ハ暗《やみ》ノ夜ガニハカニ白日ニナルヤウニ思フデ有ウガ中〻其リクツニハイカヌゾ　ナゼナレバ暗ノ夜ガコノ様ニ明クヒルニナルノモ　ニハカニハナラヌ　ヨルノ九ツ時分八ツ時分ハイカニモ暗イガ　モハヤ七ツ半過六ツ前ニナルト東ノ方ガソロソロ明クナル　ソレカラ次第ニ明クナリ人ノ面ガトボ、、ト視ヘル様ニナル　夫《それ》カラ次第ニアカク成テ御日様ガ御出成サルト　サア世間ガアキラカニ成ルデハ無イカ　丁度今日ノ所モ其ヤウナ者デ此日本ト云フ御国ニハ　天照皇太神宮様カラ御継ギ遊バサレタ所ノ天子サマト云ガゴザツテ　是ガムカシカラチツトモ変ツタ事ノ無イ此日本国ノ御主人サマヂヤ」

長崎の稲佐で、おろしや女郎衆の検梅をして、イヤモウたった一度でいやになった、といった松本良順は日本における西洋医学の大家、稲佐に西洋医方による養生所をひらき、のち軍医総監となり、貴族院議員、男爵となった人である。幕藩期には奥医官として将軍家茂の治療のために、おなじふとんにねていたという逸話《いつわ》をのこしながら、その幕府がたおれると官軍の軍医となったわけで、このように権力とともに生きる人びとには「ムカシカラノ御主人サマ」の必要性はよくわかるものであったろう。けれども村びとには、あすの天気のほうが切実である。

御諭書は、つぎのようにいう。

「天子サマガ御政道ヲ遊バサル丶コトニナツタ是ヲ夜ノ明ルハナシニ譬《たと》ヘテ言ハフナラ　今ガ六ツ前時分人ガホノミヘルカ見ヘヌカ位ノ処ヂヤ

下丶デ考ル様ニ手ノ裏ヲ反ス様ニ夜ガ昼ニナツテミタガヨイ　ドノヤウニウロタヘルカ　譬ヘバ夜ル夜中ニ人目ヲ忍ンデスルコトガ有ウガ　其所ヘ俄《にわか》ニ御日様ガ御出ナサツテハタマルマイデハ無ヒカ」

なかなかの名文だが、下じもは夜中に人目をしのんですることにあけくれているわけでもない。働いて食べて、愛しあう生活をすることを、ひたすら求める。からゆきはそのための出稼ぎであった。

からゆきさんが海をこえだしたころ、九州を中心にして、別の一群がやはり国をではじめていた。志士と自称した人びとである。かれら志士は「御諭書」によらずとも、天子サマを君主に奉ずることを生きがいにするナショナリストであった。かれらを大陸浪人とよんだ人もいた。臣としてつかえたい天皇を新政権にひとりじめされて、こころざしをえぬところの、西南の役の敗者たちだった。かれらは浪々の身でアジアの現状をしらべて、新君主につくそうとしていた。その意図は純粋で、一般に支配権力に対して野心をもっているわけではなかった。かれらは、政府の政策は、日本をとりまく情況を正しくみていない、西欧に追従《ついじゅう》していて、国を危機におちいらせるおそれがある、と考えていた。

かれらの活動が具体的になるのは、韓国の政客金玉均《きんぎょくきん》の亡命の援助からである。金玉均は日本公使らと密約したクーデタに失敗して日本に亡命したが、日本政府は清国やロシアの動向をうかがってかれを冷遇したので、福岡にあった玄洋社関係の人びとが支援したのだった。

日清戦争から三国干渉にかけては、ことに多くの志士が大陸の奥地へはいりこんだ。ロシアと清国と朝鮮の関係が、そのころの日本のもっとも切実な国際問題であったから、一命をすてて君主にむくいる覚悟をしていたのである。

かれらは朝鮮語や中国語、ロシア語をたがいに学びあい、連絡をたもちつつ、アジアの各地へ出ていった。変装してゆくものもいた。そして朝鮮や清国で同志をみつけた。それは金玉均や清国の革命家孫文をはじめとして、やはり自国の現政府に失望し、革命をこころざす人たちだった。

かれらが直接・間接に関係した福岡の玄洋社は、その初期は民権派にちかい結社だった。民権とはいっても、そのころの民権運動は、政治上の封建的身分制をこわすというものだった。社会的な身分である階級とか家族制度とか公娼制などに対しては、植木枝盛《えもり》ひとりが関心をもつことができたにすぎない。そんな当時に民権派のちかくにいたこともあるという程度の志士たちであったから、海のそとへ出稼ぎにいく人びとのことには、まるで関心はなかったのである。

それでも鎖国のつづいていた日本から、独力で海を越えて、だれも知らない他国へいく人びとは、国を憂うこれらの志士と、まずしい村の人びとだけだった。そして、それぞれなにがしかの幻想を抱いて、いずれはそれが現実となることをねがっていた。

思えば奇怪なことである。かつて特権階級であった士族の一部が、その特権意識を時流に生かせなくて海をわたり、いっぽう、かれらに無視されたまずしい人びとが、いまこそ夢をみのらせようと、海を越えていた。志士たちは天皇の国に幻想をもち、からゆきはふるさとのしあわせにまつわる幻想をいだいていた。

次元をまるで異にするこれらふたつのからゆきが、それでも、ふと相まみえたときがあった。海を越えた志士たちは、からゆきさんが働く娼楼を足がかりにしたのである。

「すすんで志士の世話をし」たと『東亜先覚志士記伝』にある。からゆきさんをかれらは娘子軍《じょうし》とよんだ。

「娘子軍は多く九州方面の出身の者が多かつたが、氷雪肌を劈《さ》く西伯利《シベリア》の曠《こう》野《や》の果まで進むに当つても純然たる日本の服装をなし、僅《わずか》に一枚のショールを纏《まと》ふて寒さを凌《しの》ぎつゝ突進するのが常であつた」（『東亜先覚志士記伝』）

たくさんの志士たちのなかで、宮崎滔天《とうてん》と内田良平とは、どちらも九州の生まれで同じころ相ついで運動にふみこんでいる。

内田良平の身近な人に、からゆきさんがいて、多くの志士がせわになった。おたかといい、その働いていたところはシンガポールの花街にあった。娼楼は旅館と名のることが多かった。おたかは松尾旅館にいた。ここで良平や滔天たちは孫文とおちあって、清国での挙兵を計画していた。

おたかは良平のおさな友達の婚約者であったが、事情があって家をで、みずからのぞんで海をこえた。滔天の『三十三年の夢』には、松尾旅館で働いている良平の愛媛おたか女史とある。

かの女はかれらがシンガポール政庁からはもとより、どこのくにの政府からもねらわれていることを知っていた。孫文を待って松尾旅館にたむろしていた滔天たちは、ある昼間、突然警官にふみこまれた。おたかはとっさに二階にかけあがって、かれらの書類をかかえて裏階段から消えた。そんな女であった。

とらえられていた滔天らがシンガポールから追放されたとき、おたかはおむら、おきくなどと港に送りにきた。船には孫文らものっていた。船が港をはなれ、やがて香港の沖に泊まったとき、ひそかにお政というからゆきが船をおとずれた。志士たちが、かつて香港にひそんでいたときのなじみだった。海上には英国の水上警察船がかれらの動向をうかがっている。孫文の挙兵計画ははばまれ、かれらはけっきょく日本へ帰らねばならなかった。

孫文の清国での挙兵計画がすすまず日本へ引きかえしたあと、滔天はある娼妓のもとにころがりこみ、ついには祭文《さいもん》語りとなって桃中軒牛右衛門と名のった。祭文語りとなった滔天にがっかりした娼妓が、雨しょぼなどを踊ってくらしをたてていると、滔天は「嗚呼《ああ》皆余の罪なり」となげいた。が、また「さりながらさりながら、人の情に飢ゑもせで、亦《また》有難き世なる哉《かな》」といったりしている。

また、明治三十（一八九七）年に内田良平が中野二郎とともに、シベリアを横断したときには、黒竜江を舟でさかのぼれるかぎりの奥地にまで日本人の娼楼があり、はるばるとやってきたかれらを世話した。

志士たちの活動をつたえる書物には、からゆきさんがロシア兵などから情報を手にいれたり、暗号簿をぬすんだりすることがしるされている。どうもそのままには信じがたいが、あるときひとりの娼妓が、客のロシアの電信兵から暗号簿をぬすんで良平にわたした。良平はこれを同志の中野二郎に託して、川上参謀次長の手もとに提出したという。

「当時のシベリアには至る所に日本の娘子軍が居り、実に日本の娘子軍はシベリアにおける邦人移民の先駆者であつたと云つても過言ではなかつた」（『国士内田良平伝』）

このように志士たちは語っているが、内田良平たちがシベリアを横断していたころ会寧《かいねい》のちかくの海では、あかい腰巻だけの娘が三人、男につれられて息もたえだえになってのっている、日本の漁船が保護された。門司《もじ》からの密航船だった。

北にも南にも、ひろいアジアのいたるところに日本娘がいて、かれらに不自由をさせなかった。からゆきさんはかれらにまめまめしくつかえている。けれども、けっきょくそれは、青楼にのぼる客たちへの心づかいにすぎない。

ふたつのからゆきは、あいまじわるかのようにみえながら、ついにひとつになることはなかったのである。からゆきさんにとってクニは、ふるさとであった。志士たちは、ふるさとを棄て、一身をかえりみることなく、天下国家をうれう特権にひたっていた。

このふたつの渡航は、ちょうど雨しょぼを踊る娼妓と滔天のあいだがらに似かよう。くらしがなりたつことを求める生活者と、理念に生きようとする特権層と。

からゆきさんは誘拐者の口車にうかうかとのっているようだが、一般に国内の出稼ぎも口入屋《くちいれや》をとおすほかにすべのない時代である。まして海のそとへのさそいは、だまされるかもしれなくとも、そこをふみこえねば、道がひらかれぬ。そののっぴきならぬ立場にたっても、なお心にゆめをいだいていた娘たらのその幻想をおもいやる。おなごのしごとをしてもなお、その苦海を泳ぎわたって生活の場をきずこうとした人びとの、切ないまなざしを感ずる。

そのかたちなき心の気配。そのなかへはいってからゆきを感じとらねば、売りとばされたからゆきさんは二度ころされてしまう。一度は管理売春のおやじや公娼制をしいた国によって。二度目は、村むすめのおおらかな人間愛をうしなってしまったわたしによって。

南方の日本人の女郎屋が全盛期にはいった日露戦争のあと、シンガポールの著名な密航宿である南洋館で、がんとしていうことをきかない娘がいた。山口県のおスエ、十八歳だった。おスエは、シンガッパへいけばいいしごとがあるといったではないか、とがんばりとおした。わたしは女郎になりにきたのではない、と、いいはった。どのようにおどしても客をとらなかった。ほかの娘たちは、女郎でもいい、がんばってはやく金もうけをする、と客をとっているのに、初志をとおしつづける。とうとうやりきれなくなって、女郎屋のおやじが送りかえした。だれにもいうな、と、口どめして。おスエは帰ってきて門司で女中となった（明治四十一年二月二十六日、福岡日日新聞）。

はらはらするような橋をわたらねば開かぬ世のなかに女たちは生きていた。自由廃業をするのも同じ危険にさらされた。それでもやはり自廃した。みつけられれば、ひどい目にあう。また雨しょぼなど踊らねばならぬ。北海道函館の娼妓坂井フタが自由廃業を法廷であらそって勝訴したのは明治三十三（一九〇〇）年である。

ひとりひとりのまずしい村娘たちは、ひとりずつ坂井フタにならねばならない。日本内地であろうと大連であろうとシンガッパだろうと。

ふるさとでは自筆の手紙に鑑札をそえて、警察に送りとどけたまま姿をけす娼妓がいくらもいた。が、このような自由廃業はみとめられず、本人の出頭が必要だといわれた。

「はいぎよふ御とどけ。明治三十三年三月八日、御きよかの、げい者ゐいぎよふかんさつ、都合依《より》て、こんぱんはいぎよふ仕候間、このだん御とどけ申上候也。三十八年九月二十七日、福岡市東中州町げいしや君子事、小林きち」

「をそれながら申上候。私こと芸者するのわ、よく〳〵いやになりまして、お客をとらせられ、まるでしよふぎのよふな事をさせられ、びよふきでねてる時でも、おざしきにむりに出され、からだがつとまりませんから、芸者をはい業しますについては、親方さんよりの借金は、その内いくらづゝなりと、はらうやうにします。先ははい業かた〴〵かん札返上します」

いずれも明治三十年代末の福岡日日新聞紙上にでていたものである。これらはめずらしいものではなくなっていくのだが、転業先はなかなかみつからず、そのまま海を越えてしまう自廃娼妓のことも新聞にはいくらも出た。

どこかの土地で、おフネのように、さまざまな人種とにこにこすごす、そのささやかな空間がほしくて、「はいぎよふとどけ」などを出しても海をこえたのである。

志士たちをなぐさめたからゆきさんは、そのような女たちだった。志士ばかりでない。アジアを旅する日本の男たちをも。

「私はラブアンのみならず南洋の各県に於《おい》て、日本の商売女の御厄介《やつかい》になつた。日本の紳士諸君が醜業婦と称して卑めるその娼売女に厄介になつたのである。それであるから、私は南洋を旅行する時に、私を運搬してくれた汽船会社、私を滞留させてくれたホテル、私に智識《ちしき》を授けてくれた研究機関、而して私に幾多の便利を付与してくれた内外人に対して捧げていると同様なる、否或場合にはそれよりも以上の感謝の辞を是ら虐げられたる娼婦の群に捧げたい。彼らによりて我々の旅愁の慰められたることは蓋《けだ》し大なるものがあつたのである」（石井健三郎著『南洋雑記』）

が、世間はいっそうせまくなっていた。日本領事は、シンガポール政庁が一九一三（大正二）年に白人娼妓のいっせい退去を断行して以来、南方のからゆきさんの追放どきをうかがっていた。大正三年には嬪夫《ぴんぷ》たちを追放。そして第一次大戦のあと一九二〇（大正九）年にシンガポールをはじめマレイ半島のすべての娼楼を自廃させた。からゆきさんの多くはそれによって、日本内地や新領土の公娼許可地へうつっていった。

かの女たちが船にすずなりとなって泣きぬれているのを見送った人は、日本の発展のためだから、送りかえされるのをはずかしがることはない、といってなぐさめた。からゆきさんの追放は「資本家の活躍に彼らの存在が差つかえる」ようになったためで、道義や国の体面などのためではない、と『南洋の五十年』で野村汀生はのべている。同書にはからゆきさんの追放は在留の小資本企業者である邦人たちに大きな打撃をあたえた、とある。そのころシンガポール近くではおよそ六千人のからゆきさんがいて、年に一千ドルのかせぎをあげて、それをこれら邦人が借りて商業がいとなまれていたからである。

このようにからゆきさんも小資本による商業も、第一次大戦のあと、いよいよ西欧植民地主義国と肩をならべだした日本の資本主義にとって、その近代企業のイメージづくりのじゃまになるようになった。

オランダ領でも大戦の前の年に公娼を全廃し日本娘の渡来を監視していた。しかしかれら当局は、労務者がおおぜい必要な工場地や港町には日本娼楼をひらかせて、そのひきとめ役につかった。メダン、パレンバン、ボンテアナだけにからゆきさんは姿をのこしたが、ここでもことごとく表通りから姿を消したのである。

北の大陸方面へわたっていたからゆきさんは、そこに日本の主権がおよびはじめるとすぐ、公娼制によって管理された。富国強兵をめざす政府の方針にともなって、憲兵隊がしばしば娼妓の検梅を強化させた。またその動きをしらべた。

東南アジアからからゆきさんが追われた翌大正十（一九二一）年の長崎憲兵分隊の統計では、天草出身者は六百六十八人が、また島原、長崎など長崎県出身者は二千七百二十一人が、朝鮮や樺太《からふと》や旧満州で娼妓奉公をしていた。このなかには十一歳の少女がふたり、十二歳の少女がひとりふくまれている。

このように大陸の各地に公娼制がしかれて、南方からも女たちが移ってきた。そしてそれから二十年たつかたたないうちに、第二次世界大戦をひきおこし、南方へ日本軍が攻めていくようになって、東南アジアの各地に公娼制が再開された。こんどは日本が管理し、現地の娘たちも公娼にくわえた。また軍関係の慰安婦隊がおくりこまれた。昭和のはじめに上海にわたったからゆきさんのなかには、このとき日本軍の慰安婦の監督となった人もいた。

からゆきさんが明治維新とともに海をわたってから、およそ半世紀、もはやクニからのがれようもなく、クニの保護のない公娼制のもとで女たちはアジアの全面戦争に余儀なく参加させられていった。どこかでくらしがなりたつように、というからゆきさんののぞみは、「皇道的世界統一主義」をとなえだした内田良平などの理念とまるでぴったり一致するかのように、大東亜共栄圏のイメージへ吸収された。「おくにのためだ、追放をはずかしがる必要はない」ということば——、シンガッパから追いかえされるからゆきさんへ、はなむけとされたこのことばは、そのまま女たちのうえに生きて女を追いつづけた。

おヨシがなくなって数年たち、おキミのこころをさわがせた連雀《れんじゃく》は、そののちも冬になれば九州の海辺へかならず渡ってきた。この冬は数がすくないと思っていたある日、おキミが精神科の病院でなくなったのを知った。ついにふるさとへかえることなく生涯を終えた。

わたしにさまざまな天草の海がうかんでくる。わけてもおだやかなやさしいみどりの海と、くらく荒れつづける天草灘とがうかぶ。ふたつの海が左右にみえる岬をわたしはいくどか歩いた。あるときは手ぬぐいを頭にかぶった漁師の妻と。かの女は腕にかごをかかえていた。すこしうつむいていたその中年女のおもざしがわすれがたい。浜の砂にくだけた貝がまじり、春一番が吹いた。砂がいたかった。

昨今はその岬の道がコンクリートで固められ、家が建ち並び、海がみえなくなった。それでもなお、海原を吹きわたってくる風にさらされ、性こりもなくうずいてくるものがある。この海を越えようとしておヨシの胸にうずいたもの、志士らの理念はほろぶとも、ほろびようのない血汐《ちしお》が秘めるもの、まだ陽の目をみぬ幻想が波がしらにひかるのを感ずる。

余韻

ぼうようとして記憶もさだかでないが、綾さんとわたしはそのときも幼い子をつれて逢《あ》っていた。頭のうえで、ひらりひらりと空中ブランコがゆれて、綾さんの子もわたしの子も熱心にみていた。

綾さんはサーカスを子どもにみせることを口実に、婚家から半日のひまをもらって、わたしをさそいだしたのだった。

綾さんと逢うのは、ほとんどこのようになにかうっとうしい環境のなかだった。それさえままならぬ風情がわたしには閉口だった。かの女はサーカス小屋にわたしをすわらせて、安堵《あんど》したように、しずんだ声で話した。いつものようにその話は、わたしにはいくらもわかってはいなかった。娼楼《しょうろう》や娼妓《しょうぎ》のくらしの、いりくんだ心理はわたしには夢のなかのできごとよりも遠くおもえた。

「人をのろわば穴ふたつ。人をのろわば穴ふたつ。おキミはそういうのよ……」

ひらり、と、空中で男女がとびかい、ゆれてくるブランコにぶらさがった。

からゆきさんが産みおとした綾さんは、わたしにはほんとうにふしぎな友だちで、もしかの女がわたしから去ったなら、わたしにはかの女を引きもどすすべさえないような、手も足もでない感じである。かの女はまるで草の葉に宿るつゆのように、わたしのどこかで、ころころとゆれていた。

かの女との出逢いのころのことは、すでに霧にとざされて手がかりさえない。おそらく敗戦のあと十二、三年たって、互いにあくせくとしていたころ知りあったものだろう。

あるときかの女は、精神病院に入院している養母のおキミに、ぜひともわたしを逢わせるといいはった。おキミも綾さんの実母と同じからゆきであったが、年老いてきて、そのころの記憶がいっそう鮮やかになって、このところ夜な夜な綾さんにとりつくという。

「息もできなくなるの。おまえの死神になってやるって、あたしにとりついてはなれないの。あなた、ぜひ逢っておキミの話をきいてやって。おねがい。あの人、あたしではもうだめなの。あのまま埋もれるのをつらがっているのよ。

かなしい女よ。おそろしい女よ。あたし、あの人にとりつかれて死んでしまう……。

あなたひきうけてよ」

綾さんは蒼白《そうはく》になり、呼吸もみだれて、そういう。わたしはせいいっぱい首をふり、しりごみして、からだに鳥肌たてていた。

「あたし、おキミさんに逢えるような女じゃない……、あたし、だめよ、こらえてよ」

綾さんは実に執拗《しつよう》だった。あたりは夕ぐれて、わたしに恐怖がはしった。灯《あかり》をつけぬ部屋の、しろい壁が迫って、おキミのゆびがそのあたりにのびてきそうに思えた。

「よるが、こわい……」

綾さんが、壁にむかってうめいた。


あるとき娼妓たちが奉納した地蔵堂へいった。霊験《れいげん》あらたかだと、いまも詣《もう》でる人が多い。どことなく女の髪がまつわりついてくるおもいに力を得るのか、ゆらめくろうそくの炎と線香のけむりのなかで、人びとは一心不乱だった。

地蔵の足もとに、さまざまな供物《くもつ》がみられた。祈りのおふだもそなえてあった。そして、それらのなかに、男の写真に木綿針をさしたものがまじっていた。

わたしのなかで、なにか、ことりと止まった。

そして、やがておキミのことばがきこえてきた。十六歳でからゆきとなったおキミのそのこえ。

「人をのろわば穴ふたつ。人をのろわば穴ふたつ……」

それは人をのろうと自分もまた同じ穴に落ちてしまう、というおキミの念仏のことばなのだろう。千本や二千本の木綿針などでは、おさまりのつかぬ胸のうちを、そんな呪文でととのえながら生きたものだろう。

思うだに切々として、わたしは呼吸すら小刻みになっていた。

もし、いつの日か人がのびやかに生きられるときが来たなら、そのときはわたしは、娼婦のさがをものびのびと育てよう、と、たあいない夢をみつつ、あとがきにかえることにする。


この書は、たくさんの方々の助力をいただきました。綾さんをはじめ、おヨシさんの身うちの方や多くのからゆきさんにもおせわになりました。おヨシさんについては、かつて学芸書林の『棄民』で「あるからゆきさんの生涯」として、ふれたことがあります。

わたしは「からゆきさん」を書きはじめて、いくどとなく、ゆきどまり、ゆきくれました。とても人ごとと思えぬおもいが、わたしを怒りや、はずかしさのかたまりにしました。あるいは人なつかしさに涙をたれ、または日本を棄《す》てたい思いにもだえました。そのたびに、わたしは、編集担当者の古田清二さんに醜態《しゅうたい》をさらしてきました。この書に倍するほど書きなぐり、書きすてて、ようやくからゆきさんにむかって凝りかたまっていたかなしみを流した思いです。正直いってこの書は、古田さんの忍耐と感性によって形をあらわしました。

またわたしの気ままな書き放しや、わがままを、終始ゆるしてくださって、こまやかに助言をいただきました宇佐美承さんに、あつくお礼を申します。アジアと女とがひとつになった「からゆきさん」は、まことにわたしには荷の重いものでした。お二方のお力を借りることなくては、とてもとても、ものになりませんでした。いくどか発表をさしとめられたこともあるものを、どうにか書き終えて、お礼のことばもありません。

一九七六年三月十日

森崎和江

解説

斎藤美奈子

「からゆきさん」。漢字で書けば「唐行きさん」。そんな人たちがいたことを、この本ではじめて知った方もいるでしょう。

「からゆきさん」とは、もともとは江戸時代の末期から、明治、大正、昭和のはじめくらいまで、海をわたって外国（唐天竺《からてんじく》）に働きにいく人を指す九州西部・北部の言葉でした（唐天竺とは中国とインドを意味しますが、遠い外国の別名でもあったので、「外国に行く」ことを「唐行き」と呼んだのです）。ですが、やがてそれは海外に売られた日本女性の総称に転じます。

からゆきさんの出身地として、とびぬけて多かったのは、長崎県の島原地方と熊本県の天草地方でした。森崎和江『からゆきさん』は、そんな九州から大陸へわたった「からゆきさん」たちの足跡を、自らの足と文献の両面から丹念に追った記念碑的なノンフィクション作品です。

単行本のかたちで出版されたのは一九七六年ですが、その一部（「おヨシと日の丸」に該当する部分）は先に発表されており（「からゆきさん　あるからゆきさんの生涯」／『ドキュメント日本人5　棄民』一九六九年・所収）、同じくからゆきさんを描いたノンフィクション、山崎朋子『サンダカン八番娼館』（一九七二年）にも森崎和江を訪ねて助言を求める場面が出てきます。

森崎和江とその作品は、一九六〇〜七〇年代の読書界では、ちょっと特別な存在でした。そうだな、私たちが行く道を照らしてくれるカンテラ（炭鉱で使うランプのことね）みたいな存在だったといえばいいかしら。

一九二七年、韓国慶尚北道大邱《テグ》に生まれた森崎和江は、戦後は福岡県に居を定め、一九五八年、評論家の谷川雁《がん》、ルポライターの上野英信とともに文芸誌『サークル村』を創刊します。『サークル村』は炭鉱労働者の連帯をめざした雑誌でしたが、多くの労働者・農民・主婦などが参加し、およそ三年という活動期間にもかかわらず、日本の思想界に大きな影響を与えました。『苦海浄土――わが水俣病』（一九六九年）で知られる石牟礼《いしむれ》道子も『サークル村』の同人です。

しかし、森崎和江は『サークル村』の活動に飽き足らなかった。そこには労働者の視点しかなく（もっといえば男性目線で塗り固められており）、森崎が強くこだわる「性」や「植民地」の問題が入り込む余地はなかったためでした。『サークル村』創刊の翌年に森崎は個人誌『無名通信』を創刊しますが、これは女性の自立と連帯を模索したミニコミでしたし、デビュー作『まっくら――女坑夫からの聞き書き』（一九六一年）は炭鉱で働く女性たちの声を集めた作品でした。以後も森崎は筑豊の炭鉱町に住み続け、『第三の性――はるかなるエロス』（一九六五年）、『ははのくにとの幻想婚』（一九七〇年）、『闘いとエロス』（同年）などの問題作を次々に放って、読者（とりわけ迷える女性たち）の心を鷲づかみにしていきます。

一九六〇年代後半から七〇年代は、ベトナム戦争や公害をキッカケに、近代を問い直す動きがいっせいに巻き起こった時代です。ウーマンリブ運動、女性史ブーム、オーラルヒストリー（市井の人々の声を中心にした歴史）の発見。いずれも七〇年代の重要なムーブメントでしたが、森崎和江の仕事なくしてこうした達成もなかっただろうと私は思います。フェミニズムという語もジェンダーやセクシュアリティという概念も未知だった時代に、あるいはエスニシティ（民族的なアイデンティテイ）やポスト・コロニアリズム（植民地の視点からの歴史の問い直し）といった研究ジャンルが立ち上がる以前に、誰よりも早く「性」や「植民地」を意識化し、作品化したのが、森崎和江だったのです。

で、『からゆきさん』。この本は「性」と「植民地」という森崎和江の問題意識が凝縮されている点でも、また自身の関心事と歴史をつなぐ新しい方法論を獲得したという点でも、彼女の代表作といっていいでしょう。

本書の第一の衝撃は、もちろん読者を震撼《しんかん》させる、この中身です。

〈二十年ほどむかしのこと、おキミさんは木立ちにかこまれた奥ふかい家に、数人の家族とともに住んでいた。昼間は、家族らは勤めに出はらうのか、しんとしていた。／わたしはおキミさんと顔をあわせることは少なく、いつも綾さんをとおしてその様子をしのんでいた〉という思い出話から本書ははじまります。

友達の綾さん母娘の尋常ならざる言動に、ひとまず読者はギョッとするわけですが、やがて本書は、おキミさんが十六歳で朝鮮半島に売られるまでの経緯を皮切りに、学校では教わらなかった近代の裏面史を描いていきます。

口べらしのために「養女」の名目で海外に売られた少女たちが多数いたこと。年少の少女はたった十二歳だったこと。「せり場」で落とされるという、文字通りの人身売買が堂々と行われていたこと。朝鮮半島や中国のみならず、シベリア、上海、ハワイ、アメリカ、オーストラリアにいたるまで、娼妓《しょうぎ》として連れてこられた日本人の娘たちがいたこと。いちいち衝撃的です。

からゆきさんが続出した背景には日本の公娼制度があり、それは当時の植民地政策とも結びついていました。外国人の手で大陸に売られたおキミたち。その延長線上で、今度は日本人の手で台湾や朝鮮の娘たちが連れ出される。

〈飢えて、食べものを異邦人に求めていたぶられ、刑場に消える朝鮮の女たち。飢えて、養女に出されて美服をまとい、苦界に死にゆく日本の娘たち。どちらもこのような現実のなかで、くには諸外国と交流しはじめたのである〉と、森崎は書きます。国家が個人の人生を左右すること、とりわけ女性の性を売り買いすることへの深い怒りが、そこには込められています。

しかしながら、本書の第二の魅力、本書が真にユニークなのは、これが単なる告発の書、にとどまっていない点でしょう。

〈「働きにいったちゅうても、おなごのしごとたい」〉

老女が放ったこの言葉から、森崎は「密航婦」という言葉が頻出する新聞を読み続け、また旧赤線地帯や少女たちの出身地に足を運ぶことで、「からゆきさん」という言葉に込められた、別の意味を見出《みいだ》してゆくのです。

〈ふるさと以外の人びとは「密航婦」「海外醜業婦」「天草女」「島原族」「日本娘子軍」「国家の恥辱《ちじょく》」等々とよんだ〉〈今日の価値基準だけで、ただその一本の柱だけで、からゆきさんをみるとするなら、わたしたちは「密航婦」と名づけた新聞記者のあやまちをくりかえすことになるかもしれない〉と。

海外に向かって開かれた長崎の村むらは〈海外への出稼ぎの誘惑に対して、警戒的ではなかった〉こと。また「夜這い」や「若者宿」「娘宿」といった風習に見られるように、村には〈数人の異性との性愛を不純とみることのない〉素朴であたたかい性愛の文化があったこと。――なぜ「からゆきさん」の出身地は天草や島原だったのか、という疑問に答えるかたちで示された以上のような見解は、私たちをもうひとつ広い世界へ連れ出してくれます。家父長的な中産階級の性道徳だけではつかめない、女たちの大らかさと先取性！

長崎からロシアへ向かった「おろしや女郎衆」。上海の娼楼からシンガポールを経てインドで成功したおヨシ。プノンペンでフランス人と結婚したおサナ。「海外醜業婦」という言葉ではくくりきれない多様な女性たちの姿は、本書のもうひとつの読みどころです。むろん、それは〈この村びとの伝統を悪用したものにいきどおりを感じている〉という慨嘆ともひと続きなのですが。

『からゆきさん』をすでに読了した方なら、これがジャーナリストが手がけたノンフィクションとは一線を画していることに気づくでしょう。

　綾さんとおキミさんという身近に存在した女性に寄り添いながらも、縦横無尽に広がる森崎和江の筆に、私はかつて海外へ果敢にわたり、苦難の中を生きぬいた「からゆきさん」たちと共通した気質を感じます。

「からゆきさん」はすでに歴史の一ページとなりました。しかし、本書で描かれたような売買春の構造は、変わったでしょうか。

　本書が出版された一九七〇年代後半は、日本人男性が東南アジアや韓国へ女性を買いに行く「買春観光ツアー」が社会問題化し、八〇年代に入ると東南アジアから日本に出稼ぎにくる「ジャパゆきさん」が注目されました。また、九〇年代以降は、日本軍兵士を相手にした戦時中の「慰安婦」の問題が浮上。国際的な政治問題に発展し、いまだ解決していません。いっぽう、国内に目を転じれば、いわゆる「格差社会」を背景に、生活費や学費のために性風俗へ向かう女性は増えている。「娘身売り」はけっして過去の話ではないのです。

そう考えるとき、『からゆきさん』は、あらためて、二十一世紀のいまこそ読まれるべき本だといえましょう。四十年前の森崎和江が私たちのカンテラであったように、本書が、性の商品化を、国際間、地域間の経済格差を、そして女性の生き方を考えるうえでの、大きな手がかりであることはまちがいありません。

（さいとう　みなこ／文芸評論家）

本書は一九八〇年に朝日新聞社より刊行された文庫を底本とし、固有名詞、国名、地名、人名などは、そのまま掲載しました。また、明らかな間違いと判断できるところは修正し、読みやすさを考え、旧字は新字に、難読文字には適宜ルビを付しました。

なお、作品の中には性別や職業、出自などで、今日の人権意識に照らして、差別的な、あるいは差別的と受け取られかねない言葉や表現がありますが、原則として底本通りに掲載しました。

理由は大きく三つあります。まず内容の持つ時代性を考慮したこと。二つ目に、女性や末端労働者など、一貫して「弱者」の声に耳を傾け、寄り添い続けてきた作者に、差別や侮蔑の意図がないのは明らかであることがあります。三つ目は、戦後七十一年を迎え、「からゆきさん」の存在が半ば風化され、当時の社会通念や常識を知ることが時代とともに困難になりつつあるという状況があります。貧しさゆえに虐げられながらも懸命に生きた名もなき女性たちを、あえて執筆当時のままに記録として後世に伝えることは、格差社会といわれる今日で、なおも残る貧困や差別の問題を考えるきっかけともなるのではないかと考えたためです。決して差別や偏見を助長、温存する意図ではないことをご理解ください。

朝日文庫編集部

からゆきさん
異国《いこく》に売《う》られた少女《しょうじょ》たち
朝日文庫

2016年８月30日　第１刷発行
2022年７月30日　第２刷発行

著　者　森《もり》崎《さき》和《かず》江《え》

発行者　三宮博信
発行所　朝日新聞出版
〒104-8011　東京都中央区築地5-3-2
電話　03-5541-8832（編集）
03-5540-7793（販売）
印刷製本　大日本印刷株式会社

Published in Japan by Asahi Shimbun Publications Inc.
定価はカバーに表示してあります

ISBN978-4-02-261874-0

池谷　裕二
パテカトルの万脳薬
脳はなにげに不公平

人気の脳研究者が〝もっとも気合を入れて書き続けている〟週刊朝日の連載が待望の文庫化。読めば誰かに話したくなる！　《対談・寄藤文平》

内田　洋子
イタリア発イタリア着

留学先ナポリ、通信社の仕事を始めたミラノ、船上の暮らしまで、町と街、今と昔を行き来して綴る。静謐で端正な紀行随筆集。《解説・宮田珠己》

上野　千鶴子
おひとりさまの最期

在宅ひとり死は可能か。取材を始めて二〇年、著者が医療・看護・介護の現場を当事者目線で歩き続けた成果を大公開。　《解説・山中　修》

朝日新聞長崎総局編
ナガサキノート
若手記者が聞く被爆者の物語

二〇代・三〇代の記者が、被爆者三一人を徹底取材。朝日新聞長崎県内版の連載「ナガサキノート」をまとめた、悲痛な体験談。さだまさし氏推薦。

川上　未映子
おめかしの引力

「おめかし」をめぐる失敗や憧れにまつわる魅力満載のエッセイ集。単行本時より一〇〇ページ増量！　《特別インタビュー・江南亜美子》

ディーン・R・クーンツ著／大出　健訳
ベストセラー小説の書き方

どんな本が売れるのか？　世界に知られる超ベストセラー作家が、さまざまな例をひきながら、成功の秘密を明かす好読み物。

ドナルド・キーン
二つの母国に生きて
来日経緯、桜や音など日本文化考から、戦争犯罪、三島や谷崎との交流まで豊かに綴る。知性と温かい人柄のにじみ出た傑作随筆集。《解説・松浦寿輝》

ドナルド・キーン著／金関　寿夫訳
このひとすじにつながりて
私の日本研究の道
京での生活に雅を感じ、三島由紀夫ら文豪と交流した若き日の記憶。米軍通訳士官から日本研究者に至るまでの自叙伝決定版。《解説・キーン誠己》

佐野　洋子
役にたたない日々
料理、麻雀、韓流ドラマ。老い、病、余命告知――。淡々かつ豪快な日々を綴った超痛快エッセイ。人生を巡る名言づくし！《解説・酒井順子》

深代　惇郎
深代惇郎の天声人語
七〇年代に朝日新聞一面のコラム「天声人語」を担当、読む者を魅了しながら急逝した名記者の天声人語ベスト版が新装で復活。《解説・辰濃和男》

本多　勝一
〈新版〉日本語の作文技術
世代を超えて売れ続けている作文技術の金字塔が、三三年ぶりに文字を大きくした〈新版〉に。わかりやすい日本語を書くために必携の書。

朝日新聞取材班
【増補版】子どもと貧困
風呂に入れずシラミがわいた姉妹、菓子パンを万引きする保育園児……。子どもの貧困実態を浮き彫りにする渾身のノンフィクション。